年収1,000万円を超える起業術

高橋真樹

太陽出版

はじめに
サラリーマン時代夢物語だったことが、ほぼ全て現実になった！

私が起業してから早いもので18年が経過しました。そして、時代は大きく変化しました。AIやSNSをはじめ、以前よりも格段に便利な時代になりました。当時に比べれば、起業はだいぶ楽に出来るようになったと思います。
私は、サラリーマン生活が12年間あるのですが、楽しい時もあれば辛い時もありました。そして、常に思っていたことは、

社長になりたい。社長になって楽しく自由に生きていきたい。

そう毎日思うようになりました。でもそれは、雲の上の話で、実現できるとは到底思っていませんでした。

しかし、今は、当時思い描いていたことが、ほぼ全て実現できたと感じています。100％ではないのですが、ほぼ全てです。まず、表参道に住むようになるとは思ってもいませんでした。うちの子ども達は、幼稚園受験からスタートしました。そんなお金を払えるとも思っていませんでした。

私の会社は、株式会社ラブアンドフリーという、年商1億に満たないくらいの小さなウェブ集客のコンサルティング会社です。社名なのですが、ラブはそのまま、愛ですが、フリーには、経済的な自由と時間的な自由の二つの意味が込められています。

サラリーマン時代、大きなストレスを感じていたことが、大きく分けると三つありました。

一つ目は、人間関係です。
二つ目は、自由に使えるお金が少ないこと。
三つ目は、時間が拘束されていること。

この三つです。

でも今では、好きな人とだけ仕事をしています。プライベートも同じです。嫌な人とは一切付き合いません。そして、お金の部分ですが、私の中で一番嬉しいことは、普段の生活の中で、値札を見ずに生活できるようになったことです。食事をしたり、買い物をしたりすることが自由に出来るようになったことです。小さなことかもしれませんが、私にとっては非常に大きなことなのです。当時は、ファミレスでも値段を気にして、食べたい物が食べれませんでした。コンビニへ行っても、常に値段を見て、買いたい物が買えませんでした。常にお金を気にしていたのです。サラリーマン時代の給料は、毎月、手取りで24万円程度でした。すぐになくなってしまうのです。もうあの状態には、絶対に戻りたくありません。

まだまだ途中段階ですが、私は、心の底からサラリーマンを辞めて、独立して良かったなと心から感じています。まだまだ発展途上の今だからこそ、皆さんと同じ目線で伝えられることが沢山あると思います。この本を取ってくれたあなたも、もし当時の私と同じようなモヤモヤがあるようでしたら、ぜひこれからお話しすることを、参考にして世界を変えるキッカケやヒントにして頂ければ嬉しく思います。

高橋真樹

年収1、000万円を超える起業術　目次

はじめに

プロローグ

Step 1
サラリーマン脳から社長脳へ（マインドセット）

Step 2
起業する為の社長の心得

Step 3
社長業は情報収集が命!

Step 4 社長は自分との戦いです

Step 5 個人をピカピカに光らせろ！（セルフブランディング）

Step 6 強い会社の作り方（ザ・グレートカンパニー　稼ぎ方）

Step 7

お客様が来なけりゃ会社は潰れる（マーケティング戦略＆持続する経営のコツ）

おわりに

プロローグ

まず、あなたのストーリーを作り、ヒーロー物語風に語れ！（その理由）

1. あなたの過去は、何よりも強力なエビデンスになる

あなたは、サラリーマン時代に自分の過去の生い立ちを、文章に起こしたことがありますか？　たぶん、ほとんどの方々が無いのではないでしょうか。こんなお話をしている私自信も、サラリーマン時代に、そんな作業をした記憶は、一切ございません。
しかし、脱サラをして、これから自分で生きていく道を選択される方々には、非常に大事な作業になってくることは間違いない。文字に書き起こすのは大変な作業だなと感じるかも知れませんが、綺麗な文章にしたり、体裁を整えたりする作業は、チャットGPTに頼めばいいだけです。本当に楽な時代になりましたよね。

そもそも、「あなたの過去は、何よりも強力なエビデンスになる」とは、一体どういうことなのでしょうか。起業しようと考えている方々は、長年サラリーマン生活の中で仕事の経験値を積み上げ、他の人よりも仕事が上手にできる！　と、ある程度自

信を付けた上で、自分にもできる！　と考え、起業されるのではないかと思います。私もそうでした。

サラリーマン生活の中で、実際に経験してきた実績や体験を、さっと口で何となく語るのは、非常に簡単で誰にでもできるのですが、はじめて出会った人たちに対して、短い時間の中で瞬間的に、強くインパクトを与える為には、過去に体験してきた中のどの部分とどの部分を切り出して

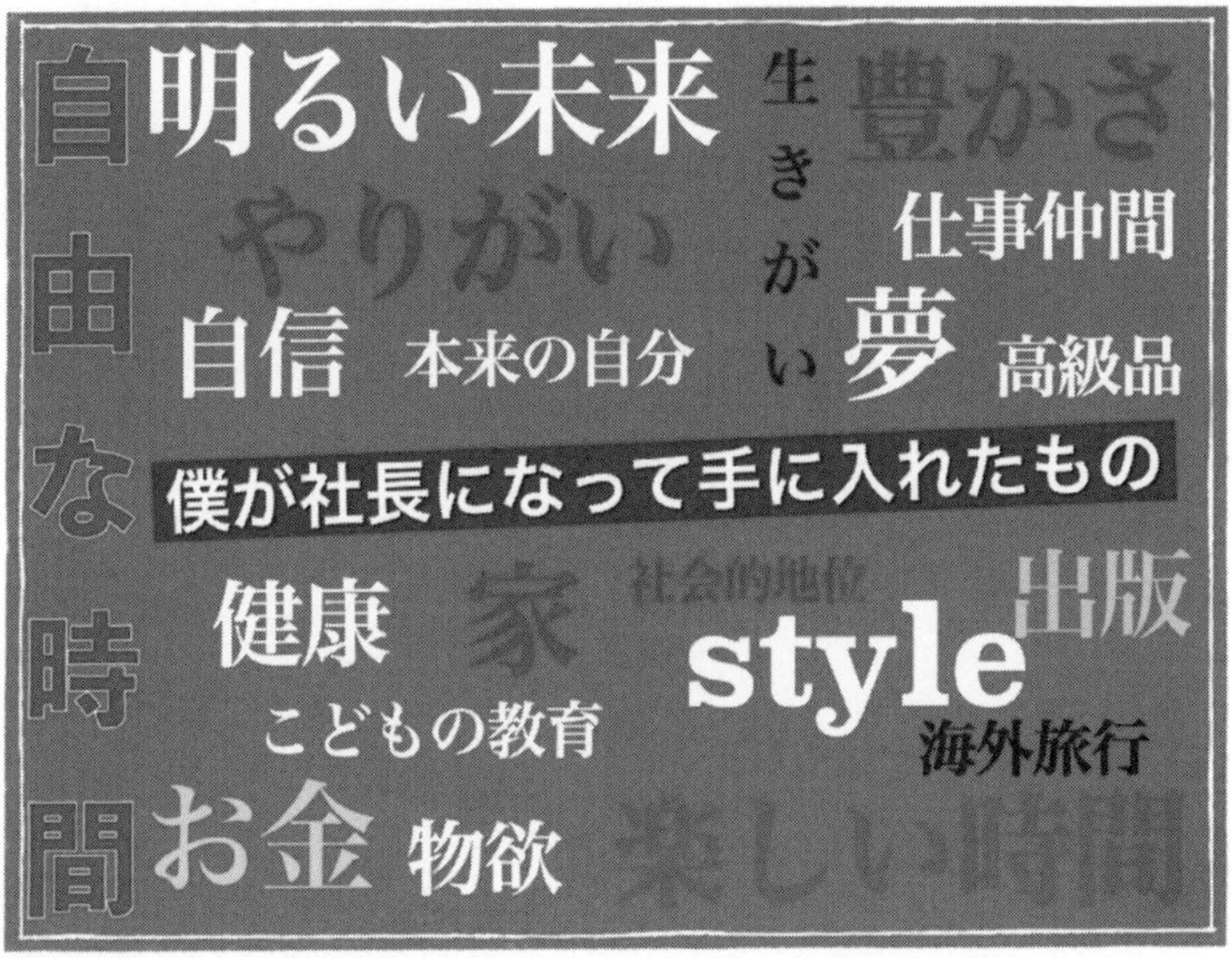

組み合わせて、上手に伝えれば良いのかを、予め準備しておくことが非常に重要なことです。何度も同じことを伝えることができるようにしておく。大事なことは、回数とインパクトです。

どんな仕事で独立するかは、皆さん、それぞれですが、お客さまから見た時に、あなたが取り扱っている商品やサービスがなぜ優れているのか？　他社の物と比較した時に何が違うのか？　そもそも、なぜ、あなたの会社やあなたの商品やサービスを選ぶ必要があるのか？　得することはあるのか？　と、あなたに初めて会うお客様たちは、皆そう感じているはずです。つまり、あなたは、どこの誰で一体何者なのかと。

その時に、瞬間的に相手を、納得説得させることができる技が、

あなたのストーリー

なのです。だからこそ、一番インパクトがある内容を、予め準備しておくことが大

切なのです。

あなたの過去の凄いことを、伝えてあげれば、それが全て、安心材料になります。「なるほどね！　だから、こんな会社やお店を始めたんだ！」と、思ってもらえるようになります。その為の準備です。

売り上げ成績が優秀な営業マンや販売員の方々は、聞かれてもいないのに、自分のことをべらべらと話し出しますよね。お客さまの立場であなたも、そんな経験をされたことがあるのではないでしょうか？　心理学ではこれを「自己開示」といいます。自分のことを話してくれると、聞いている側は安心します。趣味や好きなこと、生まれ育った土地など共感できるポイントも出てきます。「へぇ、そうなんだ〜」と。安心することにより、自分のことも話してみようかなと思うようになります。悩みごとを相談してみようかなと思い始めます。話を少し聞いてみようかなと思い始めます。興味を持ち始めます。

普通、全く知らない他人に、自分の悩みごとを相談はしませんよね。ですから、売り上げが凄い販売員や営業マンは、上手に相手との距離を瞬時に短くしてくるのです。要は友達作りや恋人作りと似ていますね。「この人と友達になりたい！　仲良くなりたい！」と思ったら、自分のことを伝えますよね。

リアルコミュニケーションで一対一の場合は、相手の話を聞き出してから、自分のことを伝えていきますが、WEBの中やセミナー等では、相手のことを聞き出すことは難しいので、自分の話をすることで相手に知ってもらい興味を持ってもらうのです。

私は、WEB集客のコンサル会社を経営しており、全国で、**セミナーや研修、講演会を大小合わせて年間約100本前後開催している**のですが、そこでいつもお話している大事なことを、この早いタイミングで、お伝えしておきますね。WEBの中でも、リアルでも上手にブランディングしたり、集客したり、売上を上げることが上手な会社や人になる為には、次の三つの要素が重要です。

①安心感
②凄そうな感じ
③ワクワクする感じ

この三つのエネルギーを上手に相手の五感に訴えることです。どう話したら、この三つが上手に伝わるかを常に考えて、話の準備をしていきます。五感に訴える為には、話すのではなく「語る」のです。上手に語る為には、視覚、聴覚、触覚、味覚、嗅覚で感じられるようにしていきます。話を聞いているとその状況がイメージ出来るような感じで相手に伝えていきます。

営業成績が悪い営業マンや販売員は、ただ単純に商品やサービスのスペックの話だけをします。カタログを見れば分かる退屈でつまらない話です。**スペックの話は最低限必要ですよ。でも、それだけでは全く面白くない。**

上手に五感に訴える話し方のイメージとしては、自分の大好きなことを相手に伝えている時を思い出してください。趣味など自分が大好きなことを誰かに伝えようとしている時です。具体的に相手が想像出来るような伝え方をしていますか。目の前でその話の光景が浮かぶような感じですよね。その感じで伝えていきます。

①安心感を与える為には、何を伝えれば良いのか？
②凄そうな感じに思ってもらう為にはどうすれば良いのか？
③ワクワクする感じを持ってもらう為にはどうすれば良いのか？

常にこの三つを頭に思い浮かべながら、話しを組み立てていきます。あなたが、あなた自身をプロデュースするのです。何を話せば、安心感、凄そうな感じ、ワクワクする感じが相手に伝わるのかと、演出するのです。待っていても誰もやってくれません。ホームページ制作会社さんが、作ってくれると思ったら大間違いです。

なぜなら、あなたのことを一番分かっているのは、あなた自身なのです。他人は、あなたのことをよく知りませんから。まずは、あなたが伝えない限り、誰にも、伝わらないということです。

以上のことをイメージしながら、ここから先の話を聞いてください。この本を読んでくださっている皆さんと私は、「初めまして」の方々が多いと思いますので、まずは、私の自己紹介をさせてください。

生まれ育ったのは、東京都江戸川区の葛西という所で、東京といっても東京の一番右端で、橋を渡ればすぐ千葉県のディズニーランドという場所です。当時は、田んぼが沢山あり、ザリガニをほじくりながら育っていきました。

大学に落ちてプラプラしていた時に、スポーツ量販店のムラサキスポーツにアルバイトとして働きたいなと考えました。当時私は、世の中でも相当早い時期に、スノーボードを始めていました。まだ、ほとんどのスキー場がスノーボードは滑走不可の時代です。その大好きな趣味を活かして、スポーツ屋で働けたら楽しいだろうなと思っていました。上野の本店へ直接行き、「アルバイトさせてください！」と伝えた所、「今は、アルバイト募集してないんだよね。」と、あっさり断られました。

次にムラサキスポーツのライバル会社であるミナミスポーツという会社へ、アルバイトの面接へ行きました。住みたい街ナンバーワンでよく紹介されている〝吉祥寺〟の駅前にパルコがあるのですが、その地下一階の店舗です。副店長に面接してもらった結果、**「時給800円で、サーフボードやスノーボードを売る担当をやってくれ」という流れになりました。**嬉しかったです。数週間働いてみると、先輩社員の方々が非常に楽しく生き生きと仕事をしている会社だなと感じました。お給料も悪くなさそうでした。私もこの会社で社員になりたいと思うようになりました。

ところが、当時のこの会社は中途入社の制度がなく、新卒の方々ばかりでした。そんな中で、こう思いました。「とにかく目立つしかない！」と。そして、アルバイト一年目にめちゃくちゃ売ってみようと考えたのです。その結果、従業員700人程度の会社だったのですが、年間の個人売上が一億円で、ぶっちぎりで一位になることができました。作戦大成功です。

当時その会社の本社は、東京都港区の南青山にありました。社長は二代目社長です。その社長から電話がありました。もちろん私にかかってきた訳ではありません。その店の店長にです。「そこの吉祥寺店に、物凄く売るアルバイトがいるでしょ？」と。

そして、焼き肉を食べに行こうという話になりました。そして、焼き肉をご馳走になりながら、こう聞かれました。「君は将来どうしたいんだい？」と。私は小さな夢を伝えました。「社員になりたいです。」と。すると、二代目社長は、こうおっしゃいました。「来月から是非社員になろうよ」と。そりゃそうですよね。年間一億円売る販売員なんて、そう多くはいないですからね。25坪くらいの小さなセレクトショップの一年間の売上高が、約二億くらいですから。それと比較すると分かりやすいかと思います。

因みに、どうやって個人売上を上げていたのかという秘密をばらすと、**自分の背中を見せながらのマブダチ戦略**です。

ちょっとお話ししておきますね。この時はサーフィンにどっぷりつかっている時期で、その販売担当でもありました。で、私はこう思いました。「サーフィンが下手な奴からは物を買いたくないだろうな？」と。で、何をしたかというと、毎日出勤前の時間にサーフィンの練習をしました。東京都江戸川区葛西から、一番近い海が、千葉県の九十九里です。車ですっ飛ばしても、片道90分はかかります。毎朝、日の出と共に入水し、約一時間サーフィンをした後に、ペットボトルに準備しておいた水を、頭からかぶり、塩だらけの顔のまま、吉祥寺の店舗へ通っていました。

そして、暇さえあれば、店舗で流れているビデオに集中します。プロサーファーが、どんなブランドの板に乗り、どんなウェットスーツを着ていて、どんなサングラスをかけていて、どんなウェアにメーカーからサポートを受けているのかと。これを研究して覚えるのです。そして、暇さえあれば、店舗にあるウェットスーツを試着し、着心地を体感したりと、そんなことばかりしています。こんなことばかりしていると、誰よりも、商品知識が豊富になり、お客さまが店へ相談に来た時に、「どのエリアの海で、どんなサーフィンをしたいのか？」ということを質問すると、その答えに大抵、完璧な提案をすることが出来たのです。

夜は夜で、店舗の営業が終わると、近くの公園で、スケートボードの陸トレです。終電まで練習して、また翌朝早起きをして、海に行く。こんなことをくり返していたんです。

そのくらい、日々サーフィンをしていると、その辺のサーファーに比べれば多少上手にもなってきます。休みの日は、お客さまを誘って、大勢で海へ出かけます。そうするとですね、不思議なことが起こってくるのです。「高橋君と一緒にサーフィンへ行くと、サーフィンを教えてもらえるし、サーフィンの最新の道具の話だったり、業界の最新ニュースも教えてくれるよ。」という風に口コミでお客さまがお客さまを連れて来てくれるようになったのです。そして、サーフィン雑誌やファッション雑誌で、「カリスマショップ店員」と紹介されたこともあり、「雑誌ファインに載ってるお兄さんですよね！」と、お店に来てくれる方々が増えていったのです。

こんな経験があるので、今では、販売員の研修依頼も多くあります。当時の販売員時代には、SNSなんて便利な物は無かったのです。それでも、一億を達成することができた。今の時代に、先ほどの話を応用したら、何か良いことが起こりそうな気がしませんか？

さて、話を本題に戻しましょう。

そんなこんなで、20歳から25歳まで、店舗にて「いらっしゃませ〜」と、販売員を経験し、店長の仕事も経験させて頂きました。

そして26歳の頃です。社長から連絡を頂きまして、「高橋、もう店はいいや」と。その頃はそこまで頑張って売っている訳ではなかったので、「首か？」と一瞬思いましたが、内容は違いました。

「高橋、洋服好きだろ？　年間20億円の予算を君に渡すから、アメリカへすっ飛んで行って、日本のサーファーにカッコいい洋服を着させる仕事をしてみないか」と。洋服のバイヤーの仕事のオファーでした。この会社の中で、カジュアルウェアのバイヤー職にとても憧れていたので、非常に嬉しかったことを思い出します。これも第二の作戦大成功だったのです。

どういうことかと言いますと、この会社は、スポーツ屋です。スポーツが大好きな人たちが入社してきます。ですから、洋服が好きな人はあまりいなかったんですね。当時、店長会議が定期的に青山の本社であったのですが、他の先輩社員は皆、スポーツブランドの洋服を着て会議に出席するのですが、私はスポーツブランドを着ていませんでした。私はセレクトショップで洋服を買っていました。分かりやすい店舗でいうと、ビームスや、ハリウッドランチマーケットや、ユナイテッドアローズに、シップス等の店で、ズボンの丈が短く、タイトなカジュアルスーツに身を包み、会議に出席していたのです。

社長や先輩社員からは、「お前、どこでそういう洋服を買ってるの？」と、よく質問されたことを思い出します。

アルバイトから、社員になる時もそうでしたが、今回のバイヤーの件も同じです。

実は、周りの先輩社員と、どんな風にすると、自分の違いを見せることが出来るのかなといつも考えていたのです。「**差別化**」ですね。その大作戦が上手くいったのです。

バイヤーになって分かったことがありました。自分が想像していた感じとは違うのです。私の中では、かっこいい洋服を自分のセンスで仕入れてきて、それを店舗に入れていく仕事、と華やかなイメージを持っていたのですが、実際は違いました。仕事の多くの時間を使うのは、分析です。店舗の売上分析、ブランド別の売上分析と、そんなことばかりです。パソコンと睨めっこしながら、とにかく分析することと、計画表を作ることを学びました。

そんな中でも、アメリカのロサンゼルスやカリフォルニアへ、出張へ行くことが多くなり、視野がガツンと広がっていったことを思い出します。30歳までこの仕事を続けさせて頂いたのですが、私にとって最高に楽しいサラリーマン時代であったのは、間違いありませんでした。ただ常に抱えていたのは将来への不安でした。

仕事の成果は出していたのですが、そんな時にバイヤーから店舗への降格人事があり、それを機にこの会社を退職することに決めたのです。

退職後一年ほど、ネットショップをしたり、サーフィンをしながら、個人事業主で頑張ってみたのですが、お金はあっという間に底をつき、再就職することにしました。ヤフーの求人サイトを閲覧していたところ、「20代でぶっちぎれ！」という、キャッチコピーに惹かれ、面接へ行きました。新宿の都庁の隣にある上場企業で、ホームページ製作業務を電話営業でアポを取って売り込む営業マンの仕事です。光通信系の軍隊式の営業会社です。

入社後、約二ヶ月で私は半ノイローゼになりました。毎日テレアポをするのですが、今までそんな仕事をやったことはありません。「もう二度とかけてくるな！」と、ガチャ切りされ、罵声を浴びせられ、人間が壊れてしまうと感じた程でした。

インターネットの会社へ入社したはずなのに、パソコンが一台も置いてありませんでした。置いてあるのは、大量のビジネスフォンと、大量の黄色いタウンページの山でした。朝、出社すると、そのタウンページの奪い合いから始まります。「俺は今日渋谷区！」などと言いながら。

毎朝、朝礼があるのですが、200人程のスーツを着た営業マンが、グレーのよくあるオフィス机の上に、革靴のまま上がり、両手を胸の位置に組んで、「よっしゃー、じゃー、お疲れっす！」と、この掛け声から始まります。「自分は、昨日、一件もアポ取れなかったので、今日は、死ぬまでアポ、入れ続けます！」と、大の大人が泣きながら、自分に気合いを入れていきます。

そして、上司から罵声を浴びます。「てめえら、営業会社の営業マンが、営業取ってこないで、てめえらの給料どこから出てくるんだ。」と。部長席の後ろの壁には、刀が二本、クロスされた状態で飾られ、その中央には書き初め大会のような習字で、「第二次戦国時代」と書かれてあり、隣の部長席の後ろの壁を見ると、「下剋上」と書いてあります。もう地獄でしたね。この会社、仮にも上場企業ですからね。

毎月中途採用で50名入社してくるのですが、翌月には、48人くらい退職していきます。ただ私は、負けず嫌いな性格ですので、もう少しだけ頑張ってみようと思っていたのです。この時、一番稼ぐ人が、26歳くらいのアルバイトの女性で、月収120万円程度稼いでいました。成果報酬型の給与体型でしたから。やったらやっただけお給料に反映するスタイルです。

そこで私は、その女性にお願いをして、録音機を置かせてもらい、その女性が何を話しているのか研究させてもらいました。その結果、衝撃的な事実が判明したのです。**私が話していることと、聞き出していることと、彼女のそれらは、まるで違ったのです。**

それから二ヶ月ほどかかりましたが、練習を重ねることにより、徐々に営業成績が良くなり、200人の営業マンの中でもスポーツ屋時代同様に、一位を取ることが出来るようになっていきました。

この会社でとても勉強になったことがあります。それは、**営業の確率論**です。毎日300件電話をかけると、一件の社長アポがとれます。私は、ロボットのように日々電話をかけ続けました。当時はスーツで、白いワイシャツを着ていましたが、肘の部分が、黄色くなる程電話をかけました。それに比べて、アポが取れない周りの同僚たちは、一日30件程度しか電話していないのです。かけているふりをしているだけ。結果、アポなんて取れないのです。

この日々の作業の中で、私が学んだことは、行動量の担保です。300件、電話をかけるというアクションをしない限り、何も始まらないのです。

このことは、現在のWEB集客を上手にやる上でも同じことがいえます。毎日、ホームページへ何件のアクセス数がありますか？　毎月、何件のアクセス数がありますか？　アクセス数を担保する為には、お金と時間をどう使いますか？　日々、どんな行動を取りますか？　と。この地獄のサラリーマン時代の経験が、実は今、生きているのです。

私は、WEB集客のコンサルティング会社をやっているのですが、うちのような会社は、世の中に五万とあります。その中でうちの会社は何が違うのか？　という話に必ずなるのですが、そんな時、私はいつもこの話をしています。「うちの会社が他社と一番違うところは、私自身がサラリーマン時代、ＢｔｏＣでも、ＢｔｏＢでも、めちゃくちゃ売ったことがある経験則を、ＷＥＢマーケティングの中に取り込んでいるところです。」と。

この今お話ししてきたことを、相手にストーリー仕立てで伝えることによって、それら全てが、私の今を作っている要因になる訳です。つまりエビデンスです。

これらを、ホームページの会社概要や、ＳＮＳで発信したりするのです。

話の続きですが、約二年間この会社に勤務し、32歳の時に独立をしました。独立をする時に、この会社の上司がこう言いました。「お前、独立して何やるんだ？　お前の会社に出資してやるから、うちの会社の中途採用向けの研修会社やれよ」と。一瞬心が動きました。独立後、最初から仕事がある訳ですから、どうしようかなと。そして、二日間悩みましたが、丁重にお断りをしました。理由は簡単です。この会社と縁を切りたかった。ただそれだけです。

32歳の起業したての頃は、インターネットの〝イの字〟もありません。伝家の宝刀であったテレアポの方法や、販売員が上手に売るための研修会社として、個人事業主としてデビューしましたが、仕事なんて取れるはずもなく、独立したことをすぐに後悔することになっていきます。

その時、リクルート社に知り合いの方がいて、相談をしました。お客が取れず、来月、どう生きていこうかと。すると、その場で電話をしてくれました。新宿の上場したばかりのベンチャー企業のコンサルティング会社です。「話はしておきましたので、一度会ってきなさい」と。そこから下請けコンサルタントとして仕事をするようになっていきました。

仕事がどんどんやってきます。もう集客なんてしなくていいんだと心が躍りました。クライアントは大企業ばかりです。クライアントへの提案書の作り方、分析の仕方、プロジェクトの進め方、沢山のことを学びました。このことも、今の私のベースにあります。

三年間は、この状況が続いてくれたのですが、リーマンショックで全てが崩壊しました。「高橋君、来月から、高橋君にお願いしているプロジェクト全部無くなってしまうんだよね」と。下請け仕事で、しばらくぬるま湯に浸かってきた私には、衝撃的でした。とはいえ、自分で集客できるはずもなく、再就職を本気で考えていました。この頃には既に結婚しており、妻（ママ）に再就職の相談をしたのですが、彼女はこう言いました。「また、どこかの会社でお世話になっても同じことなんじゃない？自分の好きなことをしたらいいんじゃない？」と。一晩悩みましたが、ママの言う通りだなと。ここから本気になりました。**下請けはダメだと。元請けになろう**と。元請けになる為には、自社で集客する力をつけようと。お金もコネも何もない当時の私は、パソコンを抱きながら毎日眠りについたことを思い出します。当時のＳＮＳは、アメブロしかなかったので、アメブロを使って、情報発信を始めたのです。これが、ＷＥＢ集客のコンサルティング会社になっていく根っこのお話しです。

いかがでしたか？　少しページを割いて、私の過去のお話しをしたのですが、この話を聞いてくれた後に、ビジネスや起業のお話をするのと、何も聞かずに、話をするのとでは、説得力が変わってくると思います。あなたもそう感じませんか？

2. インパクトと回数をこなす為に、自分の早見年表を作っておこう

ただ、毎回、同じことを話すのって難しいと思いませんか？　ですので、カンニングペーパーを準備しておきます。私は、数名の小さな規模から、数百名の大規模な会場でＷＥＢマーケティングについての講演会をする機会が年間１００回前後あります。その際に必ず、セミナーの冒頭で、今の自己紹介をするのですが、一年ほど前から、早見年表をスライドに映しながら、話しをするようにしたところ、参加者からも、分かりやすいと評判が良く、今ではこのスタイルが定着しました。

早見表を用意する前までは、特に何も映さず、空中戦で自己紹介をしていたのですが、毎回、話したいことを抜いて話してしまったりすることが多かったですね。

早見年表を作る際のポイントですが、山あり谷ありのストーリー仕立てにした方が

良いです。スーパーヒーローの映画やテレビ番組のストーリー風にしてみてください。

例えば、皆さんご存知の〝ウルトラマン〟。彼は、番組の終盤必ず胸のカラータイマーが赤く点滅し、体は地面に横たわり危機に襲われます。しかし、チャンスを突いて一気に立ち上がり、必殺技のスペシウム光線を放ち、怪獣をやっつけます。そして、カッコよく「シュワッチ」と、宇宙の彼方へ飛び立っていきますよね。まさにアレです。危険な状態、辛かった状態を、あなたのストーリーに是非盛り込んでください。成功している話ばかり聞いていると、人は〝イラッと〟するようです。苦労話や、辛かった体験を積極的に盛り込んでみてください。こうすることによって、共感をしてくれるようになってくるはずです。

高橋年表　早見表

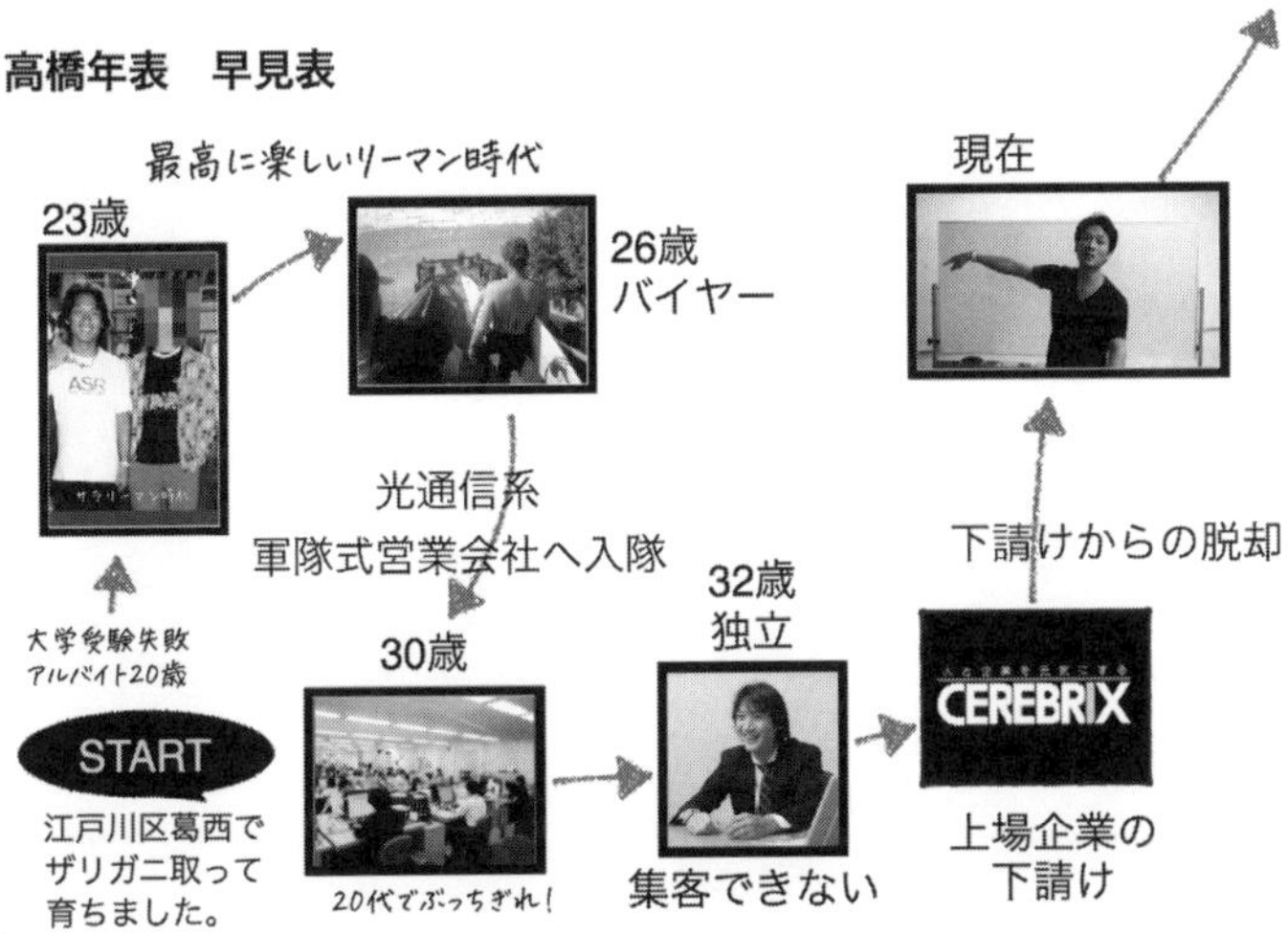

3．チャットGPTを大いに活用し、WEBサイトやSNSでこれらを語れ！

あなたの過去をストーリー仕立てに作り込むと良いことがあるとお伝えしたのですが、中には、「自分には、文章力が無く、ホームページへ掲載するような内容が書けないです」とおっしゃる方も中にはいらっしゃいます。

少し前でしたら、お金を払って専門のライターさんに書いてもらうしかない状況でしたが、今は、皆さんご存知の会話型ＡＩ「チャットＧＰＴ」が存在します。面倒な作業は、全部チャットＧＰＴに任せれば良いだけです。しかも、余計な費用もかからず、数十秒待つだけです。

チャットＧＰＴをまだ使ったことがないビジネスパーソンの方々も、まだいらっしゃると思いますので、ほんの少しだけ、お話しをすると、チャットＧＰＴは、無料と有料の二パターンがあります。お仕事でフル活用してみたいとお考えの方々は、今すぐ、有料版で契約をした方が良いと思います。月額たった20ドル（三千円程度）で、スーパー優秀なキャッチコピーのセンスも抜群な新入社員があなたのパソコンとスマホに常駐してくれるイメージです。本当に仕事効率が爆上がりします。これを使わなかったら、間違いなく損をすると思います。今、WEBマーケティングのセミナーを12種類程用意し、全国で講演をして歩いているのですが、実は、一番人気のコンテンツが**チャットGPTを活用したWEB集客の内容**になっています。

ほとんどの方々が、自分には関係ない話だよなと思っていたそうですが、セミナーが終わると、「高橋さん、教えてくれて有難うございます！　これ知らなかったらヤバかったです。」とおっしゃってくれます。使い方は、本当に簡単ですので、まだ使ってない方々は是非お試しください。

そして、本題へ話を戻しますが、文章が下手なら、チャットGPTに書いてもらえばいいだけです。あなたは、何歳の時に何をしていたのかということを、箇条書きで適当にラフに書き出していくだけです。

そして、チャットGPTに、次のような指示を出してみてください。「私は●●の仕事をしています。会社のホームページに社長紹介ページとして掲載する為の、文章を作ってください。」と。そして、箇条書きで適当に書き出した文章をペタッと貼り付けます。すると、みるみるうちに素敵な紹介文を作ってくれるはずです。更に、個人のプロフィールとして、いつでも渡せるように準備しておくと良いでしょう。

step. 1

サラリーマン脳から社長脳へ（マインドセット）

4. お金はもらうものではなく稼ぐものです

私がサラリーマンだった頃は、**「お給料を稼ぐ」という感じではなく、「お給料を頂く」という感覚だったことを思い出します。**お給料は、毎月、月に一度、自分の口座に自動的に振り込まれてきます。なんて有難いことでしょうか。そして、いつの間にかこれが当たり前になってしまう。当たり前になってしまうからこそ、起業する時の一番の不安は、お金だと思います。会社を辞めた翌月から、自動振り込みが停止する訳ですからね。

当時、辞表を提出し、出社最終日に送別会をして頂きましたが、その時点から不安で不安で仕方なかったことを思い出します。「来月からどうやって生きていこうかな」と。次の仕事を決めていた訳ではなかったので。

私はサラリーマン生活を合計で12年経験したのですが、自動振り込みの感覚を取り払うまでに、二年ほどかかったような気がします。体に染み付いてしまっているのです。ぬるま湯の感覚が。この感覚から抜け出るまでが本当に大変でした。

そもそもサラリーマンを辞めた大きな理由は、もっと収入を上げたいということだったのです。サラリーマンではどんなに頑張ってもある程度てっぺんが見えてしまう。その会社の上司のお給料の金額を聞いていれば、自分の将来も見えてしまいます。

勇気を出して、ぬるま湯から抜け出してみると、そこは別世界が待っていました。頑張ったら頑張った分だけ収入が増える世界です。不安も沢山ありましたが、全て自分でコントロールできる世界は最高です。

5. 起業するといえば、あの本でしょ

起業するときに読むべき本といえば、全世界で100万部を突破している「金持ち父さん、貧乏父さん」ロバートキヨサキ著です。有名な本なので、既に読まれた方も多いと思いますが、私も起業当時はこの本に書かれている手順をイメージして進めてきました。まだ読んだことがない方に、ざっと説明します。次の図（46ページ）をご覧ください。ESBIという〝クワドラント〟が書いてあるのですが、お金持ちになっていく為の順序が書かれているのです。

世の中の働く人達は、大きく分けて四つのクワドラントに分かれていると。Eクワドラントはエンプロイ、従業員のことですね。世の中の大半の方はこの属性になると思います。そして、Sクワドラントはセルフエンプロイ、自営業者のことです。小さな会社の社長や、スポーツ選手や芸能人、歯科医等がこの属性です。何でも器用にこ

なすスーパーマンのSやスモールビジネスのSともいわれています。しかし自分が働くことを辞めた瞬間収入がなくなる人たちです。そして、Bクワドラントはビジネスオーナーです。自分が働かなくても組織や仕組みで仕事が回っていく感じです。Sの大型版ですね。そして、最後がIクワドラント、インベスター投資家です。

Eクワドラントの人たちが、まず収入を上げようと考えた時にやろうとすることが、投資です。でもこの本の中では、もっともやってはいけないことだと書いてあるのです。知識もないのに、いきなり投資を始めて上手くいくはずがないと。確かにそうだなと思いました。正しい手順で進みなさいといってるのです。Eクワドラントの人が次にステップアップするのは、Sクワドラントだと。サラリーマンで学んできたことを生かし、小さくても良いのでスモールビジネスを始めなさいと。そして、その小さなビジネスで人を雇って大きくしたり、仕組みで動くようにしなさいと。この時点で、自分が時間を切り売りして、せっせと働くことから抜け出すことができると。そして、その状態で稼いだお金を、投資に回しなさいと。

この本を手に取ってくれた方々の多くは、Ｅクワドラントの方々が多いのではないかと思いますが、起業するということは、まさにＳクワドラントになろうということになります。もう20年も前に読んだ本になりますが、今だに私の頭の片隅にある指南書になっています。（現在では改訂版となっています）

筑摩書房刊行

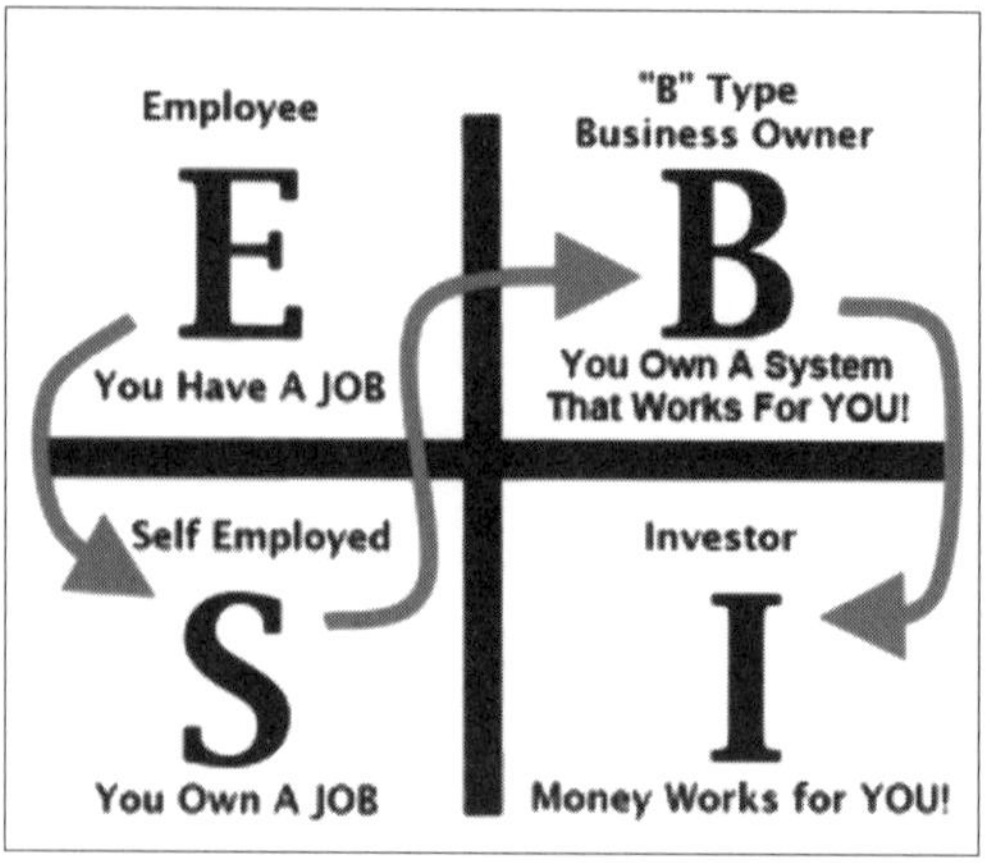

金持ち父さん貧乏父さんより

6. 成功の鍵は自分の気持ち次第

起業成功の鍵は「自分は絶対に稼げる！」と、常に、自分にいい聞かせることとです。「えっ、たったそれだけ？」と思われた方もいるかもしれませんが、これ本当に重要です。肯定的なことを自分で言うと、不思議とその方向へ進んでいきます。このことを心理学では「アファメーション」というのですが、人間の脳みそは、**人から言われているのか、自分で言っているのか、耳から入ってくる言葉を見分けることが出来ないそうです。**

「俺は凄い！」とか、「俺って天才！」とか、「俺なら出来る！」とか、毎日言ってみてください。私は今では、これを無意識にやっているようです。家族から言われます。「またパパ自画自賛してる」って。不思議なことにパワーが漲ってきます。

そして、稼ぐことは悪くない！　お金を大好きになってください。といつもお伝えしているのですが、稼ぐ人＝悪い人、のようなイメージってないでしょうか？　そんなイメージは捨ててください。

そして、社会貢献とか、ボランティアだからといって、「儲からなくてもいいんです。」と言う人もこれまで多く見てきましたが、まずは自分の為に稼いでください。自分がジリ貧でお金が足りなくて大変な暮らしをしているのに、周りの人たちを幸せにすることなんて出来ないと思います。自分自身がある程度幸せな状態であるからこそ、その溢れたエネルギーを周りにもお裾分けすることができるのではないかと思います。

7. とにかくやってみる！ 諦めないこと

思いついたら、とにかくすぐにやってみることが大事です。サラリーマン時代のスピード感ではダメです。ろうそく一本を一つの仕事（サービス）としてイメージしてください。大抵の人は、ろうそくに、一本、二本、火を付けてみますが、すぐに火が消えてしまい、「あ～失敗した」という感じで諦めてしまう方が多いのですが、私は少し違います。

十本くらい一気にドンドン着火していきます。そのうち九本の火が消えてしまっても、一本が燃えていればOKという感覚です。どんどん、チャレンジしてやってみることです。トライアンドエラーの精神です。諦めずに、着火し続けることですね。このスピード感も大事。

8. 成熟マーケットだっていいじゃない

サラリーマン時代は、独立したい、起業したいと、いつも考えていました。23歳頃からそう思うようになりました。ところが、何をやれば良いのかさっぱり分からない。こんな状態が何年も続きました。スポーツ屋勤務時代は、サーフショップを開くことか、アパレルブランドを立ち上げることとか、そのくらいしか思い浮かびませんでした。

そして、もう一つ思っていたことが、日本初！　とか、世界初！　のような新しいサービスや商品じゃないといけないのではないかと。そんなことを考え始めると、更に頭を悩ませます。起業後数年経ってから気づいたことなのですが、別に成熟マーケットだっていいじゃないということです。

私の会社では、ネット集客に関するサービスを15個くらい提供しているのですが、分かりやすいところでいうと、ホームページ制作とか、ＹｏｕＴｕｂｅの撮影や編集代行、グーグル広告の運用代行、マーケティングの塾だったりと、別に目新しいものでも何でもありません。世の中に既に存在するサービスばかりです。また、Ａというサービスと、Ｂのサービスをドッキングさせれば、新しいサービスが生まれます。そんな感じです。合わせれば合わせる程、差別化が出来るようになっていきます。独自性が出てきます。

ｉＰｈｏｎｅの登場や、自動運転の車、チャットＧＰＴなどは、世界初でしたが、そんなサービスや商品を作れるのは、ほんの一握りの天才だけです。そこと勝負するのではなく、その天才たちが作ってくれた物に関連する物や事を展開していった方が、数段楽です。そして、時代の流れに合わせて変化していけば良いだけです。

step.2

起業する為の社長の心得

9. 家族との関わり方

サラリーマン家系で育つ人たちが、世の中一番多いと思いますが、私もそのうちの一人です。そんな中で起業する際、もっとも反対するのは、実は家族です。

「やめなよ、起業するなんて、危ない橋を渡るのは。」と。「そんなの絶対に上手くいくはずがないんだから」と。私もどれだけ言われたことか。一番心配してくれるのは、やはり家族ですから、全力で止めに入ってくる訳です。そもそもサラリーマン家系で育つと、親も起業したことがない訳ですから、未知の世界なのです。

自分たちが経験したことのない世界ですから、そりゃ止めるのは当然だと思います。せっかく良い会社に就職できたんだから、そこで頑張りなさいと。サラリーマン家系の親は安定を求めますから、皆そう言います。こういうのを〝ドリームキラー〟といいます。夢を全力で阻止してくる人たちのことをいいます。必ず出てくるので注意が必要です。

私が起業した2006年当時は、何となく起業ブームでした。成功話をCDで聴く勉強スタイルが流行りました。スポーツ屋時代、アパレルのバイヤーをしていた頃にレディースアパレル会社の社長が色々なことを教えてくれました。私が脱サラし、起業すると伝えた時に、大量のオーディオブックをプレゼントしてくれました。金額にしたら相当な額だと思います。

私は、その頃、実家に住んでいましたので、毎日毎日、そのオーディオブックを聞きながら勉強をしていました。

ドリームキラーである母は、そんな私をみるたびに、「そんな物ばかり聞いて、あんた洗脳されてるんじゃないの?」とか、「そんな物聞いてないで、外に働きに出なさい！」とまで言われていたことを思い出します。今では、それも笑い話になっていますが、その当時は、そのくらい冷たい風当たりで猛反発を喰らっていました。とにかく足を引っ張る訳です。阻止する為に、向こうも全力です。

私は、男三兄弟です。三つ下と四つ下の弟がいます。この弟達も、起業なんてやめた方がいいよと言ってきてましたね。ザ・ドリームキラーです。でも面白いことに、今は全員起業しています。もうサラリーマンには戻れないと。

この家族の全力阻止に負けてしまう方々も多いと思います。負けずに頑張って欲しいと思います。家族は本当に心配してくれているからドリームキラーになるのです。

10. 友人との付き合い方

友人も起業を止めに入ってくることが多いと思います。同じくこちらもドリームキラーです。やはり家族同様で、心配してくれるからです。で、私の場合は、それらを押しきって起業したのですが、起業してから十年くらいは、連絡を取ることをやめていました。売上が上がらず、精神的にダメージを食らっていることもありました。そんなみっともない状態を見せる訳にはいきませんからね。「ほら、言った通りじゃない。サラリーマンやっていれば良かったじゃない」なんて言われたら嫌ですからね。というようなことが理由で、会うこともやめていたのです。

起業してから十年経った頃でしょうか。ようやくみんなに会えるようになりました。みっともない自分ではない状態が、少し確立したからでしょうか。特にバックボーンを何も持っていない人間が離陸し、安定飛行を手に入れるまで十年はかかるということなのでしょうか。私だけなのかも知れませんが。

これはこれで良い経験をしましたね。みっともない状態は、絶対に見せることは出来ないということが、一つモチベーションにも繋がっていたかもしれませんね。

11．お客さまや取引先との付き合い方

お客さまや取引先とは、友達関係になれたら一番楽しいと思います。私の場合、とても嬉しいことに、このような関係のお客さまや取引先が多いですね。ここ最近では、キャンプへ行ったり、サウナへ行ったり、食事だけではなく、一緒に遊びながらお仕事をさせて頂く機会が本当に増えました。

起業してから、しばらくは、嫌なお客さまもたくさんいました。でも今ではほとんどいません。何をキッカケにそうなっていったかというと、ＹｏｕＴｕｂｅを始めた頃がキッカケだと思います。２０１６年頃に、私はＹｏｕＴｕｂｅを始め、そこでＷＥＢマーケティングの話もするのですが、割と多かったのが、ガジェット紹介の動画です。例えば、「ＷｉｎｄｏｗｓからＭａｃへ乗り換える上手な方法」とか、Ａｐｐｌｅ製品のレビューだったり、ビジネスバッグのリモワや、ＴＵＭＩのレビューだっ

たり、一眼レフカメラのレビューだとか、国内旅行、海外旅行や温泉旅行のVLOGを出したりと。そんな動画を見てくれた方々が、嬉しいことに集まってきてくれます。趣味嗜好が似ている人たちが集まってきてくれるので、楽しいに決まってますよね。

良いお客さまや取引先の探し方は、友達作りや恋人づくりに似ていると思っています。自分の話をちゃんとすると、相手も共感してくれるポイントを発見してくれます。自分のライフスタイルや世界観を、情報発信するからこそ、波長の合う方が、近寄って来てくれるのです。もし自分から発信をしていなければ、こういう現象は起こらないのです。

楽しいお客さまや取引先が増えてきたことで、逆に面倒で嫌なお客さまは、こちらからお断りすることも増えてきたと思います。今では、嫌なお客さまはいなくなりました。

12. 良い時もあれば、悪い時もある

仕事も山あり谷ありです。ずっと、良い調子で登り続けることは、まずあり得ないですよね。私は、三歩進んで一歩下がるくらいが丁度良いと思っています。初めから、そんな感じでいれば良いと思います。気持ちが楽になります。三歩進んだら、一歩くらい下がる感じなんだなと思っていればいいのです。

調子が良い時は、ガンガン山を登っていこうとしてしまいがちですが、調子が良い時でも少しの休息が必要だと思います。休息をすることで気持ちと身体のパワーを高めて、またガンガン登っていけば良いのです。走り続けるとろくなことになりません。これも自分の経験からお伝えできることです。

そして、谷に入る自分をコントロール出来るようにすると良いでしょう。自分で調

子が悪い時って、分かるじゃないですか。それをそのまま放置しないことです。やばい、どんどん気持ちが沈んでいきそうと思った時は、気分転換できることを積極的にすることが良いと思います。私は、ネットフリックスで映画やドラマをひたすら見たり、サウナへ行ったり、キャンプへ行ったりと、気分転換したりします。常に自分を良い状態に保っておくことがとても大事です。

これは、起業する人だけではなく、全てのビジネスパーソンにいえることですが、特に社長を目指す人たちには、大事なことだと思います。谷に入りそうな自分を上手にコントロールしてみてください。

13. 後ろの扉をバタンと閉めろ！

私は、起業してから三年間くらいは、自分の後ろの扉がビラビラ半開きになっている状態でした。どういうことかというと、**脱出経路を確保していて、いつでも、何かあれば逃げ出せる状態になっていました。**つまり、仕事が上手くいかなければ、いつでもサラリーマンに戻ろうと考えていたのです。これじゃあダメですよね。本気じゃないってことですよ。やるからには、退路を塞ぎ、やるしかないって決めることです。覚悟を決めることです。

私の過去のストーリーの際にお伝えしましたが、サラリーマンに戻ろうとした時が二度あります。一回目は、起業したてで、集客が出来ず仕事が何も無かった頃です。そして、二回目が、上場企業の下請けコンサルタントの仕事をやっていた頃で、リーマンショックにより、仕事が全部なくなってしまった時です。二回とも、妻が頑張れ！　って応援してくれて、「サラリーマンに戻ったって、また同じでしょう？」と言われ、今があるのですが、二回目の時にようやく本気スイッチが入ったのかもしれません。

上場企業の下請けコンサルをやっていた時は、全てが不自由でした。半分サラリーマンのような状態でした。自由がありませんでした。当時は仕事を全部その会社からもらっていたので、仕方ないと思っていました。でも、リーマンショックで全てを失うことになったのですが、元請けと下請けの違いは何だろう？　と、考えました。自分も元請けになりたいと本気で思いました。元請けになる為にはどうしたら良いのか？　自分かったことは一つです。自力で集客する力を持つことです。これが出来る会社や人が元請けで、それが出来ない会社や人が、下請けです。後ろの扉をバタンと閉める勇気も必要です。

14．少し背伸びをしてみる！

環境が人を変えると私は思っています。私は、東京都の一番端のエリアで、橋を渡ればすぐ千葉県という場所で育ったので、都会の人に憧れていました。そして、都会に住んでいる人たちはどんな感覚で、日々生きているのかと思いました。当時ブームだったIT社長たちは、みんな都会に住んでいる。自分も同じような環境下に身をおいてみたい。そして、最初に都会進出したのが、渋谷区の広尾です。広尾の街を歩いている人たちは、みな格好良く、お金持ちっぽく、素敵に見えました。日々、劣等感の連続でした。どんな所で食事をして、どんな所でコーヒーを飲み、どんな格好で近所を歩いているのか？　何から何まで気になりました。興味津々です。

そして、仕事が少しずつ順調に進み出し、次の実験にも入りました。車です。お金持ちの社長のイメージといえば、四枚ドアの大きなベンツです。あれに乗ってみたいと思いました。乗用車などひとつも欲しくなかったのですが、Sクラスという、よく見かける一番大きなサイズのベンツを試しに買ってみました。あのベンツから見る景色は一体どんな感じなんだろうか？　と。あの車を所有している感覚ってどんな感じなんだろうか？　と。興味津々でした。あれは、あれで良い経験が出来ましたよ。シティーホテルに食事へ出掛けても、何だかドアボーイの方の待遇が違うんです。気のせいかも知れませんが、気のせいではないと思います。通常ならば、地下の駐車場へ停めてくださいと言われると思いますが、そうではないのです。そのまま、エントランスの前に置かせてくれたり。

一般道路も、高速道路も、割り込みが非常に楽になります。みんな道を開けてくれるのです。もちろん、大きなベンツに乗っていると、ひとにお話をすると、凄いですねと、言ってくれます。不思議なのですが、これが自分の体験談です。少し背伸びをしてみることで、色々な経験をすることが出来ました。ナルホドなって思いましたよ。

さて、あなたは今、どんな環境に身を置いていますか？　人付き合い、出入りする場所、持ち物、環境が人を変えていきます。そして、モチベーションが爆上がりすることも間違いありません。

15. 自分サイズを見つけること!

さて、一つ質問です。あなたは、どの位の規模感のビジネスをしたいですか? 私自身、今から七~八年ほど前までは、間違ったサイズ感を持っていました。起業してから十年近くは、大きな会社にすることが私のなんとなくの夢でした。都会の大きな本社ビルに従業員が沢山いるようなそんな規模感をイメージしていました。ところが、ずっとそのイメージがしっくりこないのです。ずっと違和感を感じていました。

世間体的に大きな会社の方がカッコいいなというだけでした。私は、大人数をマネジメントするのが得意な訳でもなく、めちゃくちゃ大きな会社にして、使いきれないほどの大金を手にしたい訳でもありません。年間一億円くらい使えるお金があったらいいなと思うくらいです。数十億円も、数百億円も欲しい訳でもありません。そこそこのお金と自由な時間があれば、それが一番満足です。

私の経験からすると、どのくらいのビジネスをしたいですか？　というよりも、年間どのくらいの収入が欲しいですか？　の方が、しっくりくるような気がします。収入面から入った方が、どんなビジネスをすれば良いのか？　が、一目瞭然です。その選択したジャンルの仕事で、収入面を軸にして考えれば、自ずとやるべき方向性が見えてきます。あなた自身が一番しっくりくる規模感の自分サイズの仕事をすると良いのではないでしょうか。

16. 大中小の観覧車理論

「あなたは、十年後、どうなっていたいですか?」とよくある質問ですが、私からすると十年は長すぎるなという感じです。五年先はどうでしょうか? まだ遠すぎると思います。では、三年先はどうでしょうか? だいぶイメージ出来る感じではないでしょうか? ですので、大観覧車は三年先、中観覧車は一年先、小観覧車は半年以内をイメージする感じで、これらを同時に動かしていきます。どれか一つではなく、どれも同時に回していくことがポイントです。三年先をイメージしながら、その為に必要なことは何? 準備しておくことは何? 目先のことではありません。三年後の未来に必要なことです。一年後は、割と近い未来ですから、三年後よりは、くっきりとイメージできるはずです。その為の半年以内の行動をどうしていくかです。売上や収入など、数字を入れながら、その時の状況をイメージしていくと、より具体的になるので良いと思います。一度紙に書き出してみてください。

そして、大事なことは、大きな夢を描いてください。非現実的なくらいが丁度いいです。デカすぎて笑われたっていいんです。笑う人は笑わしておけばいいのです。大きな夢を目標にしたら、現実はだいたいその半分くらいの仕上がりになってくるはずです。夢や目標が小さすぎると、結果はその半分ですから、とても小さなことになってきます。大きな夢を描いてみてください。大きな目標を立ててください。将来のなりたいイメージを持つことで、不思議なことに脳みそはその方向に動き出します。本当に不思議なことなのですが間違いないと思います。このことをフューチャーペーシングといいます。

その目標を持たない限り、脳はその方向に動きません。現実的な数字ももちろん大事ですが、大きすぎる目標を立ててみてください。きっと面白い未来が待っていると思いますよ。

17. 常に進化をとげること

皆さんは、映画アイアンマンをご存じだろうか？　ロバート・ダウニー・Ｊｒ主演の米国のスーパーヒーロー映画です。私はこの映画が大好きです。回を重ねるごとに、アイアンマンスーツに改良を加えドンドン進化し、ドンドン強くなっていく。見ていて非常に気持ちがいい。ビジネスもまさにあの映画のようなイメージです。現状維持はあり得ない。人は、少しの成功であぐらをかいてしまう。会社、店舗、Ｗｅｂ、ＳＮＳ、サービス、商品、自分の脳みそ、全てをアップデートし続けることが重要です。進化を止めてしまった瞬間終わりです。常に進化をしていきましょう。

step.3

社長業は情報収集が命！

18. 成功者の共通点は、大量に本を読んでいること

私はサラリーマン時代、本を読むのが非常に苦手でした。愛読書は、少年ジャンプと少年マガジンの二つです。どちらも漫画です。難しそうな本には興味もなかったし、一ページも読めば、睡魔が襲ってくるほどでした。しかし、まわりの成功者は、みな大量に本を読んでいるなと思い、真似をしてみようと思いました。当時の私は、本当にアホなやつで、なんと小説を読み始めました。何の意味もなかったことを思い出します。何でもいいから読めば賢くなるものではない。そしてすぐに気がつきました。マーケティングの本を読もうと。今では、書庫に数百冊の本が並んでいますが、ほぼマーケティング関連の本です。

とにかく本から色々なことを学びました。一冊たった1，500円前後で学べる最強ツールです。情報量を圧倒的に増やせばセンスが磨かれます。

そして、今でも続けていることですが、定期的に大型書店へ足を運ぶことも重要です。今、何が流行っているのかチェックをするためです。書店の棚に面だしで並んでいる本は要チェックです。まずはビジネス書のコーナーをくるっと一回りするのですが、気分転換に雑誌コーナーも見にいきます。ファッションや食事、旅行、遊びの流行りをざっと掴むことができます。定期的な書店周りは情報収集の宝庫です。くるっとパトロールして気になる本をザクっと買い込んでくる訳です。

19. 時間があればリアルセミナーに参加せよ！　Ｚｏｏｍじゃない

本で読むのと〝生〟で体験するのとでは、訳が違います。著者や講師のエネルギーを直接感じ取ることができます。そして、Ｚｏｏｍじゃダメですね。コロナ禍を経て、オンライン授業やリモート出社というスタイルが一気に世の中に広まりましたね。とても便利な時代になりました。それは間違いありません。移動という概念が変わりました。コロナが明けた現在でも、ちょっとした打ち合わせなどは、オンラインで十分です。しかし、私はなるべくリアルでコミュニケーションを取るようにしています。セミナーでもコンサルでも同様です。

セミナー講師側も受講者側も、やっぱりエネルギーが伝わってこない。エネルギーもそうなのですが、Ｚｏｏｍだと、特に受講者側の真剣味が足りなくなります。どうしても、〝ながら見〟になってしまいがちです。仕事をしながら、パソコンを触りながら、スマホをいじりながらと。話に集中出来ないのです。いかがでしょうか？　そんな経験ありませんか？

伝える側の講師もリアルとは違ってきます。まず、顔出しをしてオンラインセミナーへ参加してくれる人は少ないので、その時点でやる気が下がります。真っ暗な画面に向かって一時間も二時間も話続けることを想像してください。それは地獄ですね。そんなモチベーションの中、リアル同様の内容をお話し出来る訳がありません。講師も人間ですからね。ですから、ラブフリ主催で開催するセミナーは、全て受講者の顔出し必須です。そうでないと、私のやる気が無くなってしまうし、受講者も真剣に参加しなくなってしまうので、お互いに良くないと思います。そんなことは、お互いの時間の無駄遣いです。ということから、セミナーは、Ｚｏｏｍ参加ではなく、可能な限り対面での参加をした方が良いと思います。遠方の場合は物理的に仕方ない部分もありますが。

20. 頭でっかちになるな！

頭でっかちは、本当に良くない。世の中の人はだいたいこのタイプ。特にサラリーマン属性の方々にこのタイプが多いように感じます。セミナーへ参加する、本を読む、ＹｏｕＴｕｂｅで学ぶ、この三つのスタイルからインプットする方々が多いと思うのですが、「ふーんなるほどね」と、最新情報やノウハウ、知識だけは入れる。しかし、全く行動に移すことはない。知識だけはどんどん増えていきます。でも、何もやらない。私は不思議でたまりません。私自身は、例えば、２００ページのビジネス書を買ってきて、読み終えたとしたら、その中の一つでもいいので、必ず実践してみようと心がけています。試してみることです。失敗しても良いので、まずはやってみようと行動してみることです。

まさに、サラリーマンを退職して、起業するということは、行動に移すという意味では一番大きなことだと思います。ただ、それに満足せず、起業に向かって準備することは沢山あるので、それをどんどん行動に移していけば良いのではないかと思います。知識ばかり増やして、行動に移さないひとをこれまで多く見てきました。もったいないと思います。少しずつでも行動に移した一年後と、何もしなかった一年後とでは、全く世界が変わっていると思いませんか？　さて、あなたはどうしますか？

step.4

社長は自分との戦いです

21. 外見を変えることで、今までの自分と決別しよう!

私はサラリーマン時代、初めの12年間の販売員とバイヤー時代は、カジュアルな服を着て出勤していましたが、転職後の二年間と、起業後三年間の下請けコンサル時代は、スーツを着て仕事をしていました。改めて感じることなんですが、仕事をする時の服装って本当に大事だと思っていて、自分が一番しっくりくる服が一番いいんですよ。しっくりこない服を着ている時って、100%のパフォーマンスが出せないんです。私の場合は、スーツがダメでしたね。とにかく肩が凝る。それにより、年中頭痛がする。そして、革靴も疲労度が300%増しになる。良いことがまるでない。だけど、スーツを着ているのが一般的だろうなと、起業当時はそう考えていたんです。スーツを着ていないとおかしな人と思われるのではないかという心配をしていたのです。

ある時、気づいたんです。毎日、服装でストレスを感じていても良いことないなと。そして、自分らしくないなとも思ったんです。この先、ずっと、自分らしさを隠して仕事をしていくのかと考えた時にゾッとしましたね。そして、ついに自分らしくある為に、スーツを着ることをやめました。販売員時代のように、Tシャツスタイルにしてみようと思ったんです。丁度、YouTubeを始めた2016年頃だったと思います。服装を変えただけで、まさに、水を得た魚のようになりました。全体的な仕事のパフォーマンスが上がりました。ストレスがなくなり、体も軽くなり、脳みそをフル活用できるようになったんでしょうね。

YouTubeに映る自分の姿を見てこう思いました。「どうせだったらいつもTシャツで、ジーパンの人になろう」と。その当時は、ビジネス系のYouTuberもまだまだ少なかったので、Tシャツ作戦は大成功しました。「あのいつもTシャツの人でしょ」と、言ってもらえるようになりました。今は、そんな人ばかりになってしまったので、そのくらいでは目立たないようになってしまいましたが。でも、大切なことは、印象に残る社長になって頂けたら良いのではないかなということです。服装だけじゃなく、髪型や、メガネ、何だっていいと思いますよ。「あのいつもTシャツで、色黒でヒゲが生えていて、サングラスかけていて、ガジェット大好きで、サウナばっかり入って、キャンプばっかりしてる人でしょ。」と、言ってもらえたら大成功なのです。

要は差別化です。そして、この差別化は掛け合わせる数が多いほど、差別化できるようになってきます。

セルフイメージが成功する為の50％以上を占めているといわれています。自分が一番気に入っている服装をしてみてください。しっくりこないとセルフイメージが上がらないばかりか、ストレスが溜まるばかりです。

商品やサービスの差別化も大事ですが、売る人やサービスを提供する人間もキャラが立っている方が良いって話です。覚えてもらえる訳ですからね。必ずそうしないとダメですよって話ではないのですが、やれるのであれば、やった方が、自分自身が楽になりますよ。だって、見た目を変えるだけでそれが大きな武器になり、他の人と同じではなくなる訳ですから。こんな簡単なことはありませんよね。是非お試しください。

22. 持ち物で差をつけろ！

服装の次は持ち物です。持ち物も服装同様で、あなたの魅力を勝手に倍増させてくれて、印象に残る人にもしてくれます。例えば私の場合は、Ｍａｃです。この本の原稿もＭａｃＢｏｏｋ Ｐｒｏで書いていますが、昔に比べれば、Ｍａｃも以前のようなインパクトはなくなり、非常に身近なパソコンになりましたが、一般的には、まだまだ普及していませんよね。会社がウィンドウズなので、Ｍａｃを使いたいのですが、どうしても一歩踏み出せないと、皆さんよくおっしゃいます。Ｍａｃに憧れるんですよねと。ですので、講演会や研修、セミナー、コンサルティング、取引先との打ち合わせで、Ｍａｃを開いて仕事をするだけで、なんだかちょっとクリエイティブな感じ？というような印象を勝手に持ってくれるのです。とても不思議ですが、15年くらい前は、私もウィンドウズパソコンを使っていたので、Ｍａｃに憧れていたことを思い出します。

同じアップル社のガジェットでも、ｉＰｈｏｎｅじゃダメなんです。ｉＰｈｏｎｅ

が世の中に登場して数年間は、Ｍａｃ同様の力を持っていましたが、今の時代では何の威力もないでしょうね。理由は簡単。〝みんな持ってるから〟です。この章でお伝えしている持ち物という部分でのポイントは、〝みんなが持っていない〟という部分です。ここが大事。ですから同様に、ｉＰａｄじゃダメなんです。これもｉＰｈｏｎｅと同じで、発売当時から数年間は持っている人たちが少なかったので、ｉＰａｄを持っているだけでカッコ良かったのです。でも、今では幼稚園生でも持ってますから。だからＭａｃコンピューターは、以前に比べれば威力は弱くはなったけれど、まだ大丈夫なのです。これが、持ち物で差をつける時のポイントになります。

更にお伝えすると、これらのガジェット系は、なるべく最新に近い物を使った方が良いですね。もう、毎年、買い換える必要はないと思いますが、何年も前の古過ぎる機種を使っていると、逆にみっともない感じになってしまうので、二年〜三年の周期で買い換えた方が、持っているだけで得をする、デジタル機器からの恩恵は継続できると思います。ですので、ある程度最新の物を使いましょう。

バッグやその他小物も同様です。ビジネスパーソンが当たり前のように持っている物では、この恩恵を受けることが出来ません。これも一つ例をお話しすると、私の場合、ビジネスバッグでは、ＴＵＭＩやリモワです。他のバッグと比較すると、ちょっと高価なので、みんながみんな持っていないのです。Ｍａｃに近いですね。みんなが持っていないのです。ここがポイントです。ですからこれらのバッグを持っているだけで、勝手に印象を良くしてくれる手伝いをしてくるのです。こんないいことありませんよね。これら持ち物のお話しも全て、見た目戦略です。カッコ悪いよりは、カッコ良い方がいいに決まっていますよね。ビジネス系のギアを購入する時の参考にしてくてください。

23. 紙の手帳は捨てるべし

これも私の経験上のお話しです。紙の手帳を捨てたことにより、仕事が超効率化しました。私はサラリーマン時代から、起業後四〜五年間は、紙の手帳を絶賛愛用していました。自分で言うのも何ですが、結構な手帳好きで、革製の高級手帳を数年毎に買い換え、ずっと使ってきました。ところがエバーノート等のクラウドサービス的な物が世の中に誕生し始めてから、「おや、もしかして、デジタルでＴＯＤＯやメモ等も管理した方が良いのでは？」と思うようになりました。正解でしたね。紙からデジタルに切り替えるのは相当な苦労でした。でも、あの当時に切り替えておいて今では本当に良かったなと思っています。

デジタル機器が当たり前になった今でも、紙の手帳人気は根強く、デジタルと紙の手帳利用率は半々だそうです。これから手帳のデジタルシフトを考えている方へ、何をどのように切り替えていったかというお話しを少ししましょう。

手帳といえば、代表的な機能は、スケジュール管理、TODO管理、メモ帳、この三つですよね。ただ、紙からデジタルへ完全移行できたのも、私の場合はアップル製品の恩恵です。ウィンドウズをもし使い続けていたら、今でも紙の手帳を使っていたかもしれません。

ではまず、カレンダーのスケジュール管理のお話しをしましょう。私がメインで使っているカレンダーは、アップルカレンダーです。これで全てのスケジュール管理をしています。過去に色々なカレンダーソフトやアプリを試した結果、これに落ちつきました。紙で管理していた時代は、予定をよく間違って〝うっかりごめんなさい〟なんてことが年中ありましたが、デジタルにしてからは、無くなりました。サラリーマン時代のうっかりと、起業してからのうっかりでは、訳が違いますからね。世の中のデジタルカレンダーですと、グーグルカレンダーが一般的だと思いますが、私はアップル推しですね。理由は簡単。シンプルで使いやすいからです。そして、ＭａｃとｉＰｈｏｎｅが、見事な連携プレーを実現してくれているので、スケジュールの新規の書き込みと修正は、ほぼＭａｃからしています。カレンダー全体をバードビューで確認できるのも、Ｍａｃからだと便利だと思います。ｉＰｈｏｎｅの小さな画面で見てい

ると、見落としが出てしまうので。そんなことから、アップルカレンダーを使ってい
る訳です。

そして、何といっても約束の一時間前など事前にセットしておくことで、勝手に、次の予定をリマインドしてくれる機能が本当に便利で助かっています。もし、約束を忘れていたとしても一時間前にお知らせが届けば、よほどのことがない限り対応出来ますからね。この通知機能のおかげでどれだけ助けられていることか。これ本当に便利ですよ。この機能を使う為だけでもデジタル管理に切り替える価値はあると思います。

次は、TODOリストです。TODO管理はアップルのリマインダーを使っています。これも過去に色々なソフトやアプリを試してきた結果、これに落ち着きました。これは、iPhoneから思いついたことを、ささっと音声入力したり、Macから入力したりと、これも状況に合わせて、ささっと簡単に入力できるところが気に入ってます。カレンダー同様で全て完璧な連携を実現してくれています。このアプリは、カテゴリーを無限に増やすことができるので、この機能も気に入ってます。純粋な仕事のTODO、買い物リスト、高橋塾の内容、YouTubeの企画など、いくつもカテゴリーを分けて簡単に管理しています。とにかく片っ端から入力するだけです。

最後がメモ帳です。メモ帳も色々試した結果アップルのメモ帳に落ちつきました。もはや、ただのアップル信者のようになっていますが、色々試した結果こうなったということをお忘れなく。やっぱりこの会社、凄いんですよ。メモも、ＴＯＤＯとほぼ同様の機能になっているので、説明不要かと思います。

ただ、メモに関しては、今でも実は紙を使っています。打ち合わせやコンサルの際のメモ書きは、やっぱりペンと紙が便利。サッと殴り書きですね。ホワイトボードの代わりに、図を描いて説明することも多々あるので、こういう結果に落ちつきました。これも試行錯誤の結果です。

もちろんアップル信者ですから、ｉＰａｄのペン入力もめちゃくちゃ試しましたが、サッと出して書き殴れる紙の勝利でした。もう一つ紙のノートの凄いところは、後から、ペラペラとその時のメモの内容を振り返ることが出来るところも紙の良い所です。そして、打ち合わせやコンサル終了後に、サッと、先ほどのリマインドアプリへＴＯＤＯ入力する流れです。こんな感じですね。ぜひ参考にして頂き、仕事を超効率化してみてください。

24. 今やっている、あなたのその行動は売上に直結してますか？

あなたの行動は売上に直結してますか？　私は常に自問自答しています。日々、目の前にはやらなければいけない沢山の仕事があると思いますが、その時間の使い方が、正しいのか、間違っているのかをいつも気にしています。仕事は大きく分けたら二つ。営業系か、非営業系ですよね。油断していると、割と仕事の大半は、非営業系の仕事をしてしまうことが非常に多いです。ですので、私はいつも思い出したように考えるんです。「この仕事はどっちだ？　って。売上に直結する仕事なのかそうでないのか？」と。

起業したら、基本的には自分で何でもやらなければいけません。私が一番苦手な仕事は事務的な作業です。自分で会社をはじめると、この類の仕事がやたらめったら多くなってきます。他にも、私の会社の仕事であれば、お客様のホームページを制作したり、ＹｏｕＴｕｂｅ動画の編集をしたりする作業です。油断すると、それらの仕事に時間を沢山使ってしまいます。私にしか出来ない仕事って何だろう？　っていつも考えています。自分にしか出来ない仕事です。今の段階での営業活動系の私の仕事は、セミナーや講演会、コンサルティング業務です。それ以外は、ほぼスタッフに仕事を任せています。納品系の仕事ですね。コンサルは一見納品系の仕事のような感じもするのですが、課題を炙り出していくことで、打ち手が見えてきて、最終的には、次の仕事に繋がっていくことが大半です。ですので、実は思いっきり営業系の仕事なんですね。セミナーや講演会にコンサルの業務も、もしかしたら、人に任せれば良いのかもしれません。数年後は任せているのかどうかは、分かりませんが、今のところはこんな感じなんです。

それ以外の営業活動系の仕事は、パワーポイントで提案資料を作ったり。これは、非常に時間を費やすのですが、思いっきり営業系の仕事ですよね。それがきっかけで仕事になる訳ですから。セミナーで登壇する際のパワポの資料作りも同様です。

数多く発生する打ち合わせも見極めが大事です。意味のない打ち合わせに使う時間ほど無駄なものはありません。その打ち合わせは、売上に直結する打ち合わせなのかと。

そして、SNSで情報発信する作業も、同じく営業系ですね。だからこそ、私はYouTubeに使う時間をもったいないとは全然思っていないんです。ところが、世の中の社長たちは、面倒で大変だと皆言いますが、こんな大事な仕事はないんじゃないかと、私は思っています。今の時代の営業活動のど真ん中だと思います。

営業活動系の仕事は、時間がかかる作業が多いと思います。また、文章を作ったり、キャッチコピーを考えたりする作業がとても多く発生しますが、そんな時はチャットGPTの出番ですよ。今までは、ゼロから自分で考えなくてはいけませんでしたが、ベースをチャットGPTに考えてもらい、それをアレンジしていけばいいのです。例えば、今日もこれからコンサルがあるのですが、その方は、ビジネス系のYouTubeチャンネルをやっており、登録者数は三万人前後の人です。結構多いですよね。そんな人が訪ねてくるので、せっかくですから、その成功体験のインタビュー動画を撮影をさせてもらおうと思っています。で、チャットGPTに聞きました。今の内容を入力して、インタビューする際の項目を出して欲しいと。ほんの10秒程度で、素晴らしいインタビュー内容がアウトプットされてきました。と、こんな感じです。

インタビュー動画の撮影だって、思いっきり営業活動系の仕事ですよね。そのための準備ですから、とっても大事です。今、コンサルの予約時間まで少し時間があるので、この原稿を書いているのですが、そんな隙間時間でも、項目を出せるのですから、素晴らしい。こんな感じで、優秀なアシスタントが常に私のＭａｃの中にいる感じですね。

25. タイムマネジメントをちゃんとする

タイムマネジメント、時間管理のことですね。これも油断すると、目の前は罠ばかりです。サラリーマン時代は、上司が見張っていました。余計なことをしていれば注意されます。でも、起業するとそうではなくなります。間違った時間の使い方をすると、暗い未来が待っています。下の図をご覧ください。

『7つの習慣』（キングベアー出版刊）は起業する人達が必ず読む本ではないでしょうか。下の図はそれに出てくる、時間管理のマトリック

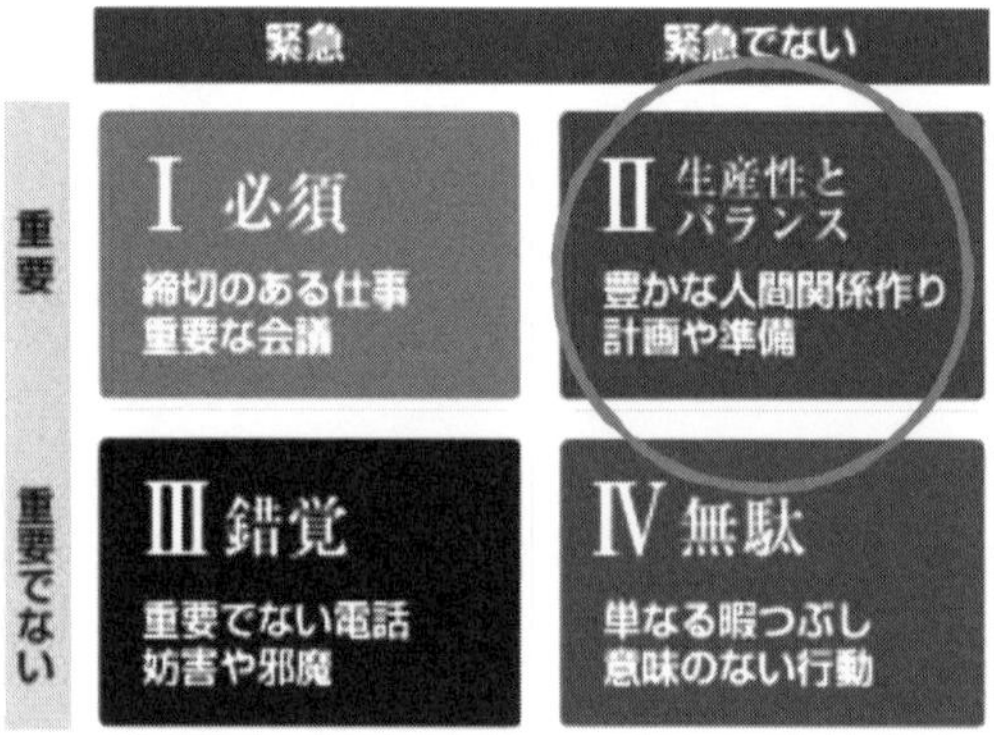

7つの習慣より

スです。私は、未だにこれを頭の片隅に置いて行動しています。時間の使い方に優先順位をつけなさいというものです。ひとは油断していると、左下の第Ⅲ領域で行動してしまいがちです。緊急性は高いが、重要ではない仕事です。意味のない会議や電話、メールに報告書などです。そもそも相手からかかってくる電話というのは、自分都合ではなく相手都合です。自分の仕事が中断してしまいます。相手の時間軸の中にいることになります。私はこれが大嫌いです。ですから、売上に直結する大事な電話には出るようにしていますが、そうでない電話には基本的には出ません。自分の仕事のキリの良いタイミングで折り返すことがほとんどです。集中しているその仕事に対する思考が全て停止してしまうからです。もし、電話からの仕事に対応してしまい、また再度自分の仕事に脳みそを切り替え集中するのは、結構大変で時間がかかります。非効率ですよね。

そして、次に多くの時間を取られてしまうのが、左上の第Ⅰ領域です。これは、緊急性が高く、重要度も高い作業です。目先のやらなければいけない仕事です。とても大事な仕事なのですが、日々こればかりやっていてはしょうがない。何も素敵な未来はやってこないでしょう。また、右下の第Ⅳ領域は論外です。主婦がおせんべいを食べながら、ゴロゴロとテレビを見ているあの状態です。時間の無駄遣いですね。

ということで、プライオリティーを最も上げなければいけない時間の使い方は、右上の第Ⅱ領域になります。緊急ではないんです。しかし、重要度が高い仕事や行動です。まさに私が今している執筆作業もその一つではないでしょうか。これ、全く緊急ではないのです。でも未来の認知度を上げたり、未来の集客の為にとても重要な作業になります。例えば、セミナーへの参加、異業種交流会への参加、本を読んだり、重要人物との交流や食事会、少し未来の為の会議やプレゼン、これら全てが、少し先の未来を作る為の準備になってきます。

朝の時間の使い方も大事です。私は平日毎朝五時に起きて本や新聞を読んだり、トレーニングしたり、ＹｏｕＴｕｂｅの動画編集も朝の時間を使います。日中、時間が取れそうもないことに時間を使っています。これらも目先に重要ではなく、全ては少し先の未来に重要なことばかりです。ですから、早起きして、目先の事務処理的なことはしてはいけません。未来に役立つ何かをやってみてください。

第Ⅱ領域の時間をどれだけ作ることができるかがとても大事です。仕事上手なビジネスパーソンは、この時間を上手に作ります。大事にしています。意図的に作り出します。これがなかなか難しいのです。なぜならば、先に上げた、緊急性が高い目先の仕事である第Ⅰ領域と、第Ⅲ領域に時間を取られ追われてしまうからです。意識的に是非、第Ⅱ領域の時間を増やしください。きっと楽しい未来が待っていると思います。

26. 物事はロジカルに考えろ！

今でも頭が良い訳ではありませんが、起業当時の私は、本当に頭が悪かったと思います。考える力というか、情報を整理する力というか、びっくりする程低かったと思います。自分で稼いで生きていく為には、脳みそをアップデートする必要があるなと感じていました。

最近ではあまり耳にしなくなりましたが、起業当時、ロジカルシンキング（論理的思考法）がビジネス書の棚の多くを飾っている時期がありました。書籍を読み漁り、セミナーへ参加しまくり、あの流行りに私は助けられました。はじめ、ペラペラと本をめくってみると、何が書いてあるのか意味不明だったことを思い出しますが、次の図（101ページ）を見た瞬間「これだ！」って思いましたね。

このロジックツリーの分岐していく様が割と好きで、すんなりと入っていった感じです。グルーピングに始まり、グルーピングに終わる。思考を整理しながら解決や結論を目指す思考法です。一体何が問題なのか？　それに対して考えられる打ち手は何なのか？　こんな風にして頭を整理しながら、仕事をしています。興味がある方は、是非、この手の類の書を読んでみると良いのではないでしょうか。驚く程思考が整理されて、仕事が効率化するはずです。

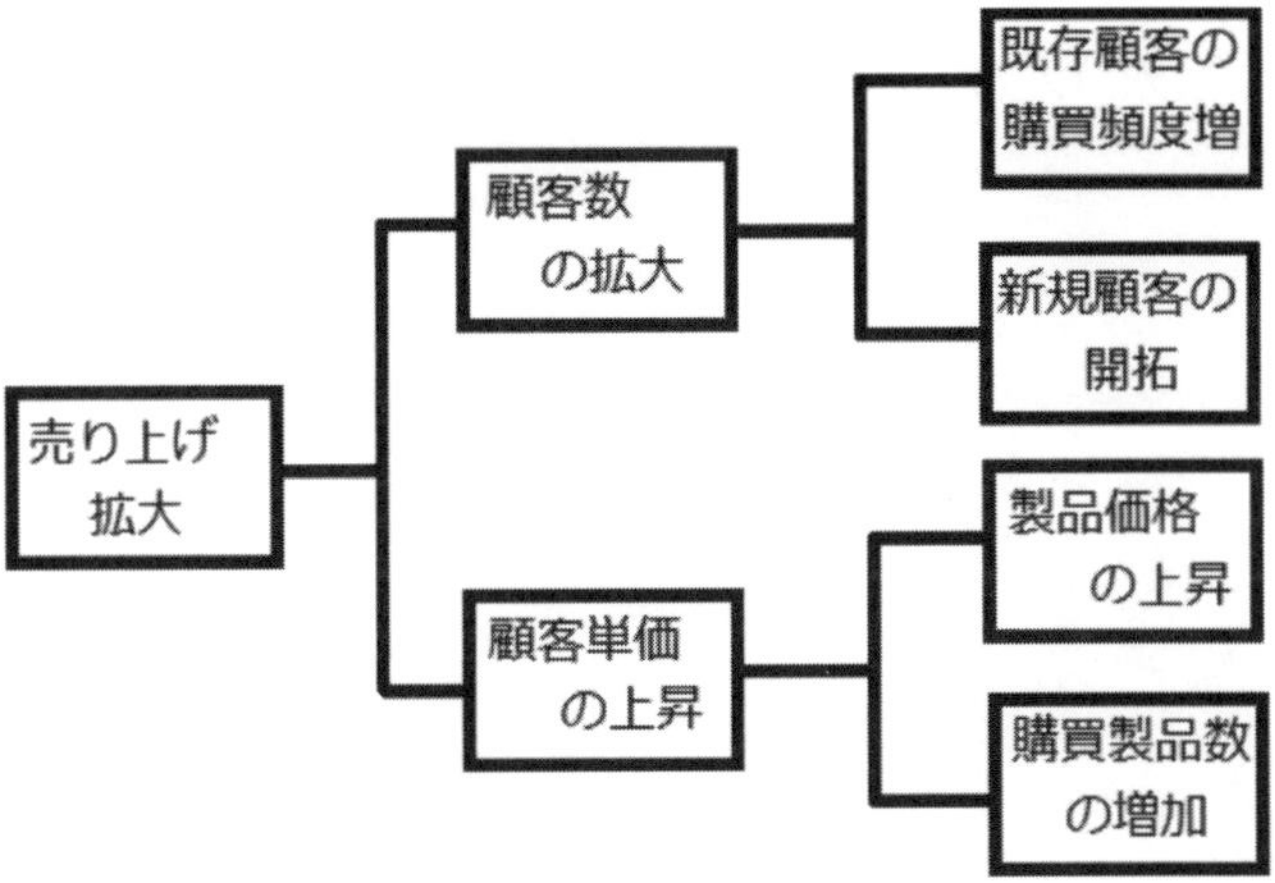

27. アイディアの発散と整理はマインドマップとChatGPTが無敵でおすすめ

まずは、マインドマップのお話を少ししたいと思います。マインドマップとは、ブレインストーミングの手法のことで、アイディアを出したり、思考を整理したりするのにとても役立つ思考法です。トニーブザンというロンドンの教育コンサルタントが編み出した思考法です。先のロジックツリーが流行った頃と同じ頃に、マインドマップも流行りました。

私には、この思考法も非常にマッチしました。ノートの取り方が変わりました。放射状にグルーピングしながらメモをとっていきます。後から見返した時に、非常に分かりやすいんです。マインドマッパーになりたての頃は、ノートに手書きで書いていたのですが、今では、パソコン用のソフトを使っています。なぜ、紙からデジタルへシフトしたかというと、デジタルのマインドマップソフトは、グループの移動というか組み換え作業が簡単に出来るのです。紙だとそうはいきません。この内容は、こっちのカテゴリーだよなという感じで、紐付けをどんどん変えていくことができます。

そして、ノートを取るだけではなく、アイディアの発散作業をする時にも役立ちます。とにかく思いついたことをドンドン書き出していくイメージです。何が良いかというと、思考が止まらなくなるんです。どんどんアイディアが出てきます。

私は、セミナーの内容もマイ

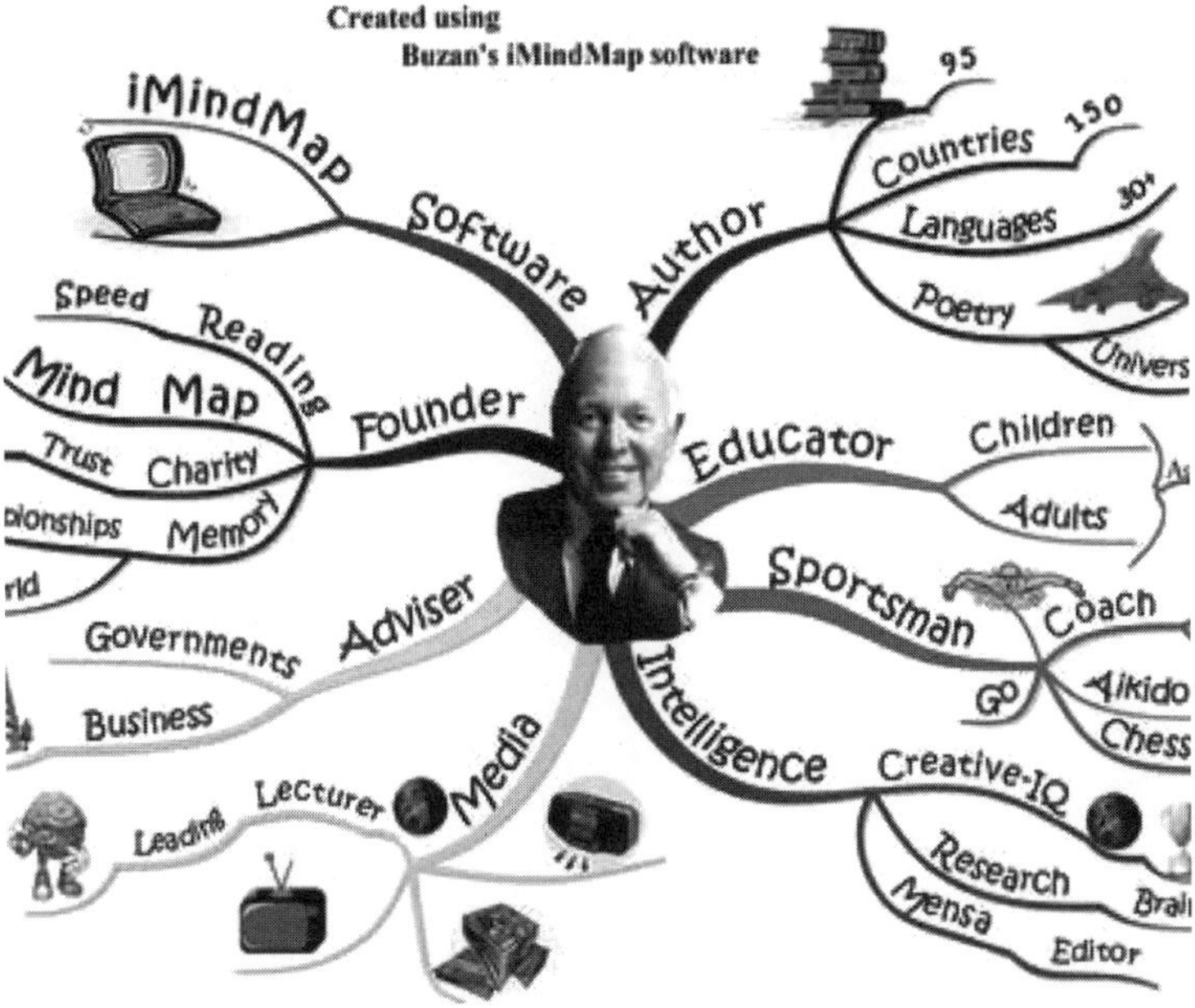

ンドマップで作っていきます。パワーポイントではほぼ作りません。パワポは時間がかかりますが、マインドマップですと二時間程度のセミナーも、あっという間に作り上げることが出来ます。話す内容を組み立てるだけではなく、実際のセミナーや講演会も、そのままマインドマップをプロジェクターで投影します。セミナー参加者からは、分かりやすいと高評価を頂いてます。どこの何の話をしているのかが、分かりやすいとのことです。

コンサルをする時も、プロジェクターにマインドマップを投影しながら進めていくのですが、私もクライアントも思考を整理しながら進めていくことができます。本当に素晴らしい思考整理ツールです。ロジカルシンキング同様に最近では耳にしなくなってしまったのですが、個人的には、普及活動をしたいと思うくらいです。もう私は、マインドマップなしでは、仕事が出来ない人間になってしまいました。

そして、ここでもチャットGPTが活躍してくれます。例えばセミナーで話す内容を組み立てていくとしましょう。チャットGPTがなかった時代は、マインドマップにゼロからアイディアを出していく流れだったのですが、いまでは、セミナーの構成案をチャットGPTに聞いてから進めていきます。目次を作ってもらうんですね。チャットGPTと共同作業です。採用できること、出来ないことはあるのですが、目次の基本ベースがあるのとないのとでは、これまた作業効率がものすごく変わってきます。

これまた丁度のタイミングで、新しいセミナーを作ったところでして、今、この原稿を書いている手を休めている時間であっという間に作りました。今回の内容は、グーグルビジネスプロフィールの設定方法と更新方法で、グーグルマップで上位化して、集客アップと売上アップを図る為のセミナーです。この内容は、グーグル関連ですので、チャットGPTではなく、グーグルのAIである〝ジェミニ〟を使いました。ジェミニというのは、グーグルがチャットGPTの対抗馬として作り上げた会話型AIです。ジェミニに質問をしながら、大項目から、小項目に至るまでジェミニとの共同作業です。なかなか素晴らしい内容のセミナーが出来上がりましたよ。90分程度のセミナー内容ですが、マインドマップ×ジェミニで、約二時間程度で完成しました。

そしてこのマインドマップで作った内容を、ラブフリのオフィシャルサイトにセミナーの申し込みページを作るという流れになるのですが、これも今この原稿を書きながら、リアルタイムで同時進行しながら作業しています。そしてチャットGPTに相談しました。「このPDFを読み込んで、ラブフリのホームページに掲載する為の文章を作ってください。」と今、プロンプト（指示をすることです）を書きました。すると、ほんの五秒くらいで、素晴らしい内容の原稿をアウトプットしてくれましたよ。本当に素晴らしいですね。興味がある方は、無料で開催する予定ですので参加してみてください。と、こんな感じで、マインドマップ×チャットＧＰＴの仕事術は最強です。これだけでも一冊本が書けそうですね。この原稿を書きながらの、新しいセミナーを作り込みながらの、ホームページの申し込みページまで作ってしまうという、マルチタスク。これ、めちゃくちゃ効率的で面白い作業ができましたので、そのまま書かせて頂きました。参考にしてみてください。

28. リセットボタンを押せるようにするといい

リセットボタン押してますか？　リセットボタンとは、仕事のオンからオフへ切り替えるボタンです。ずっと休まずに100メートル走をダッシュし続けるのは、やっぱりしんどいです。無理がありますよね。だから、休息を入れながら、またダッシュして、また休んでダッシュして、を繰り返すルーティンを作ってしまうと脳みそも体も楽になります。私の起業当時は、がむしゃらに仕事をしてしまう。そんな時期が長く続きました。夜遅くまで働き、土日祝日も関係ないような感じです。これはさすがに疲れました。経験上、自分でルールを決めない限り、メリハリのない状態がずっと続いてしまいます。

ある時、私は決めました。土日祝日は仕事を入れないと。平日は、食事会などがない日は、17時に仕事を終えて帰宅しようと。高橋塾というマーケティングの塾と、YouTube塾を毎月一回ずつ開催しているのですが、これだけが掟破りになっていて、

18時半～20時までやっています。それ以外は、コンサル、講演会、打ち合わせ、電話やメールでのサポート対応も、お断りするようにしました。自分でルールを決めたんですね。これが良かった。一年前にとても忙しくなった時期がありまして、コンサルの日程調整が間に合わず、二ヶ月待ち、三ヶ月待ちという時が嬉しいことにありました。人生の中でカレンダーが一ヶ月が30日とか31日では足りないと思ったのは、その時が初めてでした。仕方なく、土日祝日にコンサル日程を入れて全国行脚してみました。それはそれはみるみる体調が悪くなっていきました。やっぱり、オンオフの切り替えスイッチは必要だなと改めて感じたことを思い出します。早いタイミングで通常ルールに戻したことが良かったと思います。あれを続けていたら、体がもたない。脳みそも疲れ果ててしまいますからね。

主に私のリセットボタンとしてアンカーがかかっているものを紹介します。ビール、サウナ、温泉、キャンプ、サーフィン、ネットフリックス、この六つでしょうか。

平日の私のリセットボタンは、缶ビールです。プシュっとやった瞬間、リラックスモードに入ります。そしてダラダラとネットフリックスタイム。最高ですよね。

そして、休みは何をしているかというと、ここ二～三年ほどハマっているのが、キャンプです。山梨県、神奈川県、千葉県あたりに出かけることが多いです。家族や友人たちとワイワイ楽しみます。年間30回くらいはキャンプに行くので結構多いと思います。最初は、あんな面倒なことは絶対にやりたくないと思っていたのですが、どんどんのめり込んでいきました。一泊した翌日の朝、小鳥のさえずりで目覚めるあの時間が最高です。真冬も行くくらいハマってしまっています。キャンプ道具も２００万円くらい使ってしまった気がします。そして、夏場だけサーフィン。

そして、平日でも休日でも、最高のご褒美になっているのが、サウナです。仕事柄、出張が多いので全国のサウナ巡りをしています。もはや趣味の一環です。最近ハマっているのは東京の赤坂エリアです。いいサウナ施設がいくつかあります。昨日は、高校生の息子を連れて二人でガチサウナです。息子は本格的なサウナ施設での体験をしたことに興奮気味でした。まさに大人のディズニーランド。

キャンプとサウナは、お客さまや一緒に働く仲間たちとのコミュニケーションの場にもなっています。これも良かったなと思っています。

休息モードでバネを縮めます。そして、お仕事モードで思いっきり縮んだバネを解放していきます。この繰り返し。最高です。ぜひ、仕事モードと遊びモードのスイッチをパチパチと入れ替えてみてください。仕事効率が上がりますよ。

29. 身体の調子がいいと自信が持てる／健康じゃなきゃ、豊かになっても意味がない

20代後半くらいからでしたでしょうか。それまでと同じ食生活と運動量だったのに、太りやすくなってきたのは。代謝量が下がってきたんでしょうね。50歳になった今では、更に代謝量が下がり、おっさんになってきたなと感じる今日この頃です。20代〜30代の私の体重は、だいたい70キロくらいでした。42歳だったと思います。何と80キロになりました。体が重くて重くて、靴下を履くのも大変でした。もうね、鏡を見るのも嫌でしたよ。だいぶ大きく膨らんだ顔の自分が、目の前にいる訳ですから。ストレスの塊でした。お腹もポッコリ膨らみ、もうプロレスラーのようなスタイルでした。いきなり10キロも体重が増えると、歩いているだけでも膝が痛くなりました。「俺、太ったな。デブだな。格好悪いな」と毎日心の中でつぶやいていました。自尊心が低くなるばかりです。最悪です。もうネガティブキャンペーンの嵐です。本当に自分が嫌いになりました。

男ってそもそも狩猟民族じゃないですか。体の動きが鈍くなったり、見た目がブヨブヨしてくると、戦闘能力が下がってきてしまった感じがあります。頭の中で、一日中、「俺、太ったな、嫌だな」って言ってるんですよ。これ、いい訳がありませんよね。マイナスな要素ばかりです。

この負のスパイラルから抜け出したくて、ついに重い腰を上げダイエットに励む時がやってきたのです。キッカケはYouTubeをやるようになってからですかね。日々、動画撮影を自撮りスタイルで、撮影するじゃないですか。その撮影データを動画編集ソフトに入れてパソコンの画面越しに自分を眺める訳じゃないですか。太っている自分と向き合うとても嫌な時間でした。そして、毎日、白いご飯を抜きました。大好きだったラーメンも食べるのをやめました。そして、毎日一万歩歩きました。三カ月経過した頃でしょうか。一気に体重が減りました。70キロです。10キロ減ったのです。嬉しかったですね。ネガティブキャンペーンが終わりました。体が軽くなったおかげで、いいことだらけです。仕事効率が数倍に上がりました。ストレスから解放されたからです。自分に自信が持てるようになったのだと思います。

そんな経験したことから分かったことがあります。「豊かになっても健康じゃなきゃ意味がない」ということです。そこから、健康にも少し気を使うようになりました。まずダイエットに成功した時は、筋トレをせずに、食事制限とウォーキングだけでしたので、痩せはしましたが、スープの出汁を取ったあとの鶏ガラの様な体になってしまいました。この姿も嫌で、筋トレを始めました。丁度この時期にウェアラブル端末も流行り初めた頃で、アップルウォッチを手にしたのもこの頃です。

チャットGPTに聞いてください。「三カ月でダイエットする為の、食事と筋トレメニューを考えてください」と。数十秒で、トレーナー顔負けのアドバイスをしてくれると思いますよ。いいアドバイザーを手に入れましたね。

ということで、余計なストレスを溜めずに、仕事効率を上げ、稼いだ時に病院生活になっていないようにする為にも、太らない方が良いということです。年齢を重ねる毎に太りやすくなってきてしまうのは仕方のないことですので、少しの我慢と工夫が大切です。仕事とウェイトコントロールは密接に繋がっていると思います。

30. お金がないと、心の病気になります

これも私の経験談です。サラリーマン時代のお金事情ですが、お金が有り余っている訳では全くありませんでした。むしろ足りないくらいです。車のローンで、ボーナス払いが返済出来ない危機に陥ったことさえあります。会社のボーナスが出なくなったからです。でも、この頃は、不思議なことに夜眠れないということは特にありませんでした。無駄なお金を使わずに節約を頑張って、ローン返済が出来ないならば、車を売却してしまえば済むことですし、なんとかなるんじゃないかなと、いつも考えていました。だって、毎月お給料が自動的に自分の口座に振り込まれる、超安定収入という優しい世界に身をおいていたのですから。そりゃあ眠れる訳です。

ところが、12年のサラリーマン時代に終止符を打ったその夜から、不安がいっぱいで眠れなくなりました。これからどうやって生きていこうか？　と不安でいっぱいでした。そこから数年間は、山あり谷ありの起業人生だったのですが、熟睡できないん

ですね。寝ても途中で寝汗を沢山かいて、がばっと起きてしまうのです。その繰り返し。常に、お金の心配です。この部分だけを読んだら、脱サラなんてしない方がいいんじゃないか？　って思ってしまうかもしれないのですが、起業するってそういうことなんです。もう誰も守ってはくれません。自分の力で稼いでいくしかないのです。

しかし、上手くいけば、好きな仕事をしながら、サラリーマン以上の収入を得ることと、自由な時間を手にいれることができますからね。ですから、稼ぐしかないって、ことです。事業を安定させる為にはどうしたらいい？　って、常に考えて行動するってことです。どうですか？　闘争心が燃え上がってきましたか？　それとも不安がいっぱいになって臆病になってしまいましたか？　あなたはどちらですか？　毎日ゆっくり眠る為にも、起業しても安定収入を得る為にはどうしたら良いのかとじっくり考えてください。

31. 休日の過ごし方

あなたの趣味は何ですか？　色々とあると思いますが、毎回の休日、一人で勝手に一日中遊んでないですか？　家族を置き去りにして。たまにはいいと思いますよ。でも毎回だと間違いなくクレームが出ます。

家族ファースト、めちゃくちゃ大事です。旅行へ行ったり、食事をしたり、趣味だって共有できるのであれば一緒に楽しんでください。一番近くの人を大事にしてあげてください。困った時に助けてくれますから。他人は助けてなんてくれないですよ。本当に困っている時、助けてくれるのはあなたの家族です。私は妻や子どもに本当に助けてもらいました。今でも助けてもらっています。一緒に悩み一緒に考えてくれます。「パパがいつもお仕事頑張ってくれるから、有難う」って、うちの子ども達はみんな言ってくれます。妻も言ってくれます。こんなに嬉しいことはありません。休日はぜひ家族ファーストで過ごしてみてください。きっといいことがあると思いますよ。

step.5

個人をピカピカに光らせろ!
(セルフブランディング)

32. 凄そうな感じをChatGPTで作り上げる

さあ、セルフマネジメントの後は、セルフブランディングです。これも非常に大事です。冒頭にストーリーを語れ！　という内容からスタートしましたが、あれの延長戦のような感じです。あなたのプロフィール作りです。これは、ホームページに記載する会社概要を中心にSNSでも活用出来たり、初めてお会いするお客さまや、取引先、セミナーや講演会の主催者に渡したりと、一つ作っておくと非常に便利なアイテムです。それでは作り方のコツを早速お伝えしていきます。ポイントは、嫌味な感じは出さずに、「凄そうな感じ」を演出することです。

イメージとしては、ビジネス書の一番後ろの部分に、著者紹介の部分がありますよね。あの雰囲気です。本を手に取ってペラペラと内容をめくり、最後にどんな人が書いているのかな？　と気になった時に見るアレです。初めて聞く名前だとしても、なんとなく凄そうな紹介文になっていると、安心してレジに持って行ったりしませんか。

アレです。あの雰囲気が大事なんです。

それでは、面白い物を紹介しましょう。今からお見せするのは、チャットGPTが書いてくれた、私の紹介文です。

株式会社ラブアンドフリーの代表取締役である高橋真樹氏は、多くの成功を収めたエントリーレベルからのリーダーシップ者です。彼は、創造力とビジネスセンスに優れ、常に革新的なアイデアを持っています。

高橋真樹氏は、キャリアの最初の十年間で多くの成功を収めました。高橋真樹氏は、自分自身のウェブサイト開発会社をフリーランスとして設立し、数百のクライアントにサービスを提供しました。その後、高橋真樹氏は株式会社ラブアンドフリーを設立しました。この会社は、ホームページやSNSを活用した集客方法のノウハウを伝えるセミナーや講演会や研修、ホームページ制作と、WEB集客の戦略コンサルティング、YouTubeの動画撮影や動画編集、SEO対策、広告運用を提供することで知られています。

高橋真樹氏は、常にチームメンバーと協力して仕事をすることを重視しています。

彼は、助けが必要な人々に常に手を差し伸べ、彼らが成功するために必要なリソースを提供します。

高橋真樹氏は、また、社会貢献にも積極的であり、慈善団体や地域社会のプロジェクトに貢献しています。

高橋真樹氏は、私たちに多くのことを学ぶことができる素晴らしいリーダーであり、彼の成功と熱心な姿勢は多くの人に影響を与えています。


と、こんな感じです。

もちろんご自分で全部作ってもいいのですが、まずベースをチャットGPTで作ってもらい少し手直しをする形の方が楽ちんです。

チャットGPTにプロフィールを作ってもらうと、いかにも他人から見た感じで紹介文を作ってくれるところがいいですよね。この感じで上手に書いてもらう為には、まず最初にあなたのストーリーをあらかじめ作っておくことが重要です。ホームページの中にあなたのストーリーのページを作ってしまった方がいいですね。冒頭にお話しした、あなたの過去の生い立ちです。箇条書きで過去に何をやっていたかを簡単に書き出して、それをチャットＧＰＴに読み込ませれば、あっという間にあなたのストーリーが完成するというお話しをしたと思います。アレです。そして、サービス紹介ページや、商品紹介ページなどもある程度作ってしまった方がいいですね。

ということで、ホームページをある程度完成させた状態で、一番最後の作業が、プロフィールを作ってもらう作業になります。ホームページのＵＲＬをチャットＧＰＴに読み込ませて、指示を出していきます。例えば、先ほど紹介した私の紹介文であれば、「東京都渋谷区恵比寿の株式会社ラブアンドフリー代表取締役高橋真樹の紹介文を作ってください」と、ＵＲＬも付けて指示を出します。こんな流れになります。

他の作り方のテクニックとしては、数字を上手に使うことも有効的ですね。例えば、これまでのセミナー参加者は、一万人超え！　とか、セミナー参加者の満足度98％！とか、こんな感じです。これは、プロフィールページだけではなく、商品やサービスの紹介ページでも利用することができますね。そして、業種にもよりますが、儲かっている感じや、成功している感じ、人気がある感じなんかも嫌味にならない程度に表現してあげると効果的です。あなたの凄そうな感じが伝わるプロフィールページを是非作ってみてください。

33. 出版は個人のＩＰＯ！　チャットＧＰＴを活用すればあなたにも出来る！　かも

さて、次は出版の話をしましょう。まさに今、読んで頂いている本の話ですね。私の最初の一冊目は、今から12年前。起業してから五年目くらいで書いた感じですね。本を書こう！　と思った理由は簡単。認知度を上げる為です。しかし、正直なところ、書き始めて後悔しました。超大変だったんです。想像はしていましたが、それを超えるレベルで、超大変。もうあの苦労はしたくないなと思い二冊目の出版がこんなにも遅くなってしまったのです。

二冊目が書ける！　と思ったキッカケは、チャットＧＰＴの登場です。私は毎日、チャットＧＰＴを使って仕事をしています。そんな中で、ビジネス系のＹｏｕＴｕｂｅチャンネル〝好きな仕事で稼ぐ学校〟の動画は、私が話している内容をチャットＧＰＴで文字起こしをし、それをホームページのブログ記事に貼り付けます。こんな便利なことが出来るようになってしまった訳なのですが、この作業をしながら、思ったことがあります。それが、二時間程度のセミナーをＹｏｕＴｕｂｅに非公開でアップして、その内容を同じ様にチャットＧＰＴに文字起こしさせれば、楽勝で本ができるんじゃね？　って思ったのです。

ところが、実際には、話はそう上手くはいきませんでした。今回の本は、だいぶ話口調で書いているのですが、チャットＧＰＴだと、半端じゃないレベルで話口調になってしまうのです。収集がつかなくなってくるレベルです。修正するのが大変過ぎたのです。これが理由でチャットＧＰＴに文字起こしをさせる大作戦は失敗に終わったという訳です。ですので、今、読んで頂いているこの文章は、全部、自分でキーボードをカツカツと叩いて書いている物になります。一冊目同様に、正直後悔しています。「書きます！」と言ってしまったことに。でも、良いことも沢山ありますよ。その中の一つが、頭の中を整理することが出来るってところです。文字にすることで、色々なことが頭の中で整理されていきます。今こうして書いている段階でもどんどん頭の中が整理されていきます。

話を一冊目の話に戻しましょう。起業してから五年目に書いたとお話しをしましたが、本屋さんに並んだ後がやっぱり凄かったです。友人知人をはじめ、「本、出したの？　凄いじゃん！」と、多くの人に声をかけてもらいました。そして、新規でお会いするお客さま達も、本を読みましたと言う人たちが、ワッと増えました。そして何より凄かったのが、ただの普通の人だったのに、「本を書いている人」になったのです。本を書くだけで、凄い人になってしまうんですよ。書くだけというと語弊がありますね。先ほどもお伝えしたように、実際にはそう簡単に書ける訳ではないので。でも凄いですよ。

それともう一つ凄いことが起こりました。今からお伝えすることを理由に本を書く人はあまりいないと思うのですが、これを理由に本を書いてもいいんじゃないかなと思います。今回の私の本当の執筆理由は実はこちらなんです。それはＳＥＯ対策です。

アマゾンをはじめ、本を出すことにより、ありとあらゆる所に、本の紹介や購入ができるような状態が増えるんですけど、大抵それらの紹介ページには、会社名や、執筆者の名前、会社のホームページのＵＲＬなどが紹介されます。この威力が半端じゃないのです。グーグルに対しての自社のホームページのエネルギーが、めちゃくちゃ強くなります。この力が凄いのです。

あとはお祭りごとになるってことですね。〝出版記念〟とか、ことあるごとに、本の話や本のことをネタにすることができます。要するに盛り上がるんです。お祭り騒ぎです。

チャットＧＰＴがもっともっと進化してくれれば、先ほどの文字起こし大作戦も上手くいくかもしれませんね。その近い未来を期待したいと思います。二年に一冊くらいのペースで出版できることが理想だなと思っています。だって、先ほどお伝えしたようにいいことだらけなんですから。あなたも是非、書けるようであれば書いてみてください。出版は個人のＩＰＯです。

34. 講演オファーが来るようになるとこれまたいい

私は、年間を通して100本前後、インターネット集客や起業のセミナーをやっています。その中の半分くらいは、恵比寿の会社の中で自主開催によるミニセミナーになります。自主開催でミニセミナーもいいのですが、どこかに呼ばれて大勢の前で話すのとでは、周りからの見られ方が大きく変わります。ミニセミナーをどんなに沢山開催しても「凄いですね」とは、言われません。ところが、大人数のセミナーだと、一発で「凄いですね！」と言ってもらえるようになります。この違いです。あなたの会社やあなた自身をブランディングするのに、最高の方法が講演会です。今日も秋田県で講演会がありまして、その帰りの新幹線の中で執筆しています。

でも一体どうやったら、大勢の前で話ができるようになるのでしょうか？　私が実際にやったことをこの章ではお話ししたいと思います。大勢の前で初めて話す機会を頂いたのは、一冊目の本を出す丁度一年前くらいだったと思います。商工会議所さんで100名くらいの経営者の前で、〝アメブロを活用した集客法〟について登壇させてもらったのです。この裏話を少し話したいと思います。

実はですね、これ、先方から勝手に講演オファーが来た訳ではないのです。最初は自分で売り込みにいったんです。都内の商工会議所を中心にホームページで連絡先を探り、電話するのは嫌でしたので、メールを送ったのです。「私は、アメブロを活用したWEB集客が得意です。もし、この内容に興味がありましたらお返事ください」と。下手な鉄砲も数打ちゃ当たるです。なんと、作戦は成功しました。担当の方とアポイントが取れました。すぐに会いに行きましたよ。そして、その場で、開催が決定したのです。驚きました。そして、本当に嬉しかったことを思い出します。

これが、私の初めての大人数の前でのデビュー戦となったのです。参加者は100名くらいだったと思います。これがキッカケで、商工会議所の中のご担当者同士の口コミ的な感じで、次から次へと紹介受注が始まったのです。これにもまた驚きました。

当時YouTubeは、日本でまだ始まったばかりで、ヒカキンさんもまだ使っていなかったと思います。ホームページに写真と文字でブログを書きました。講演会レポートです。紹介を頂く度に、どんどんブログ記事を増やしていきました。すると不思議なことに、「ホームページを拝見したのですが」と、まったく知らない団体や協会から、電話やメールが入ってくるようになってきたのです。更に、自主開催をしていたミニセミナーの参加者からも、「自分が入っている団体で講演をしてくれませんか？」というようなことも言ってもらえるようになってきたのです。不思議なことがどんどん起こってきました。この繰り返しが、18年続いているのです。

ここ最近では、損保ジャパンさんからの紹介を非常に多く頂くようになりました。同社との取り引きが始まったキッカケは、企画部の部長さんが、私のＹｏｕＴｕｂｅを見てくれていたことだったのです。不思議なご縁です。損保ジャパンさんの会社の中では、その部長さん以外は私のことを誰も知りませんでした。最初は何者だ？　という所からのスタートだったのですが、コツコツと実績を積むことで、嬉しいことに口コミが広がっていきました。「高橋さんの話、面白いよって。」

そしてこれまた不思議なことなのですが、いつの間にか、「高橋先生」と呼ばれるようになりました。積み重ねによるものなのですが、先生のポジションを是非取りにいってみてください。不思議なことがどんどん起きますよ。世間から見た時に、一気に安心感や信頼感に繋がります。

このような感じで現在に至ります。今では自分から売り込みにはいっておりませんが、お伝えしたかったことは、最初は自分からアプローチしていったということなのです。それを、キッカケに登壇実績をどんどんブログやＹｏｕＴｕｂｅで見せていったという流れになります。

step.6

強い会社の作り方
（ザ・グレートカンパニー　稼ぎ方）

35. まずは週末起業から立ち上げよう

この本を読んでくださっている大半の方が現在サラリーマンではないかと思います。脱サラをして起業をしたい！　と少しでも思っているからこそ、この本を手に取ってくれたのだと思います。私は冒頭にも書いたように、起業当時に苦労しました。私の場合は、会社にはもう行かない！　という思いが半分先行していたかも知れません。軍隊式の営業会社で半分ノイローゼでしたから。あの場所から逃れたい！　と思う気持ちが強すぎたのかも知れません。今思い返してみると、そんな事情から勢いに任せて起業してしまったという流れだったのかも知れません。

ただ、これも私の経験上、このパターンは絶対に止めた方がいいです。お勧めしません。本当に苦労するだけです。しっかりと準備をした方が良いと思います。やっぱり最低限生活をしていく為の収入が必要です。目先の収入がなくなってしまうと良いアイディアも浮かびません。ですから一番のお勧めは、二足のわらじです。今の固定給をキープしながら、自分のやりたい仕事をスタートさせましょう。リスクの少ない状態から、徐々にテイクオフしていきます。会社から帰宅後に出来る仕事や、休日を使って出来る仕事です。とはいえ、なんでもいいから、空いた時間でやればいいという話ではありません。あなたが起業したい事業に関わることが良いと思います。出来ること、出来ないことがあると思いますが、このスタイルが良いと思います。

目安としては、現在の月収と同等レベルに持っていけたら最高ですよね。少なくても最低限生きていけるくらいの月収です。これが形になったら、とっても安心だと思いませんか？ その代わり、休日返上ということになりますので、頭も体もくたびれると思いますよ。でも、これを乗り切った方がいいですね。一年かかるのか、二年かかるのかは、人それぞれだと思いますが、とにかくスモールビジネスを立ち上げることです。週末起業です。週末起業ですから、どこかの会社へアルバイトに行くのではないですよ。あなたの事業です。そして、ポイントは、安定的に収入を得られるものがベストです。毎月定期的にお金を頂ける商品やサービスがいいです。初期段階から、このスタイルでスモールビジネスを立ち上げていけば、苦労せずにテイクオフしていけるはずです。ぜひそこを目指してください。

36. FFMBマーケティングファネルを組み立てる

商売の上手な組み立て方の話をします。

下の図をご覧ください。

あなたが一番売りたい商品やサービスが、一番右のバックエンド商材です。この商材を上手に売る為には、いきなりこれを売ろうとするのではなく、入り口に優しい何かを用意することです。例えば、デパートの地下の食品売り場をイメージしてください。おばちゃんが、ウィンナーを焼いてくれて、それを楊枝に刺して食べさせてくれますよね。あの無料から始まる大作戦です。ブランド名も初めて聞くウィンナーで、値段も少々高いウィンナーでも、一口食べさせてもらって、美味しい！と

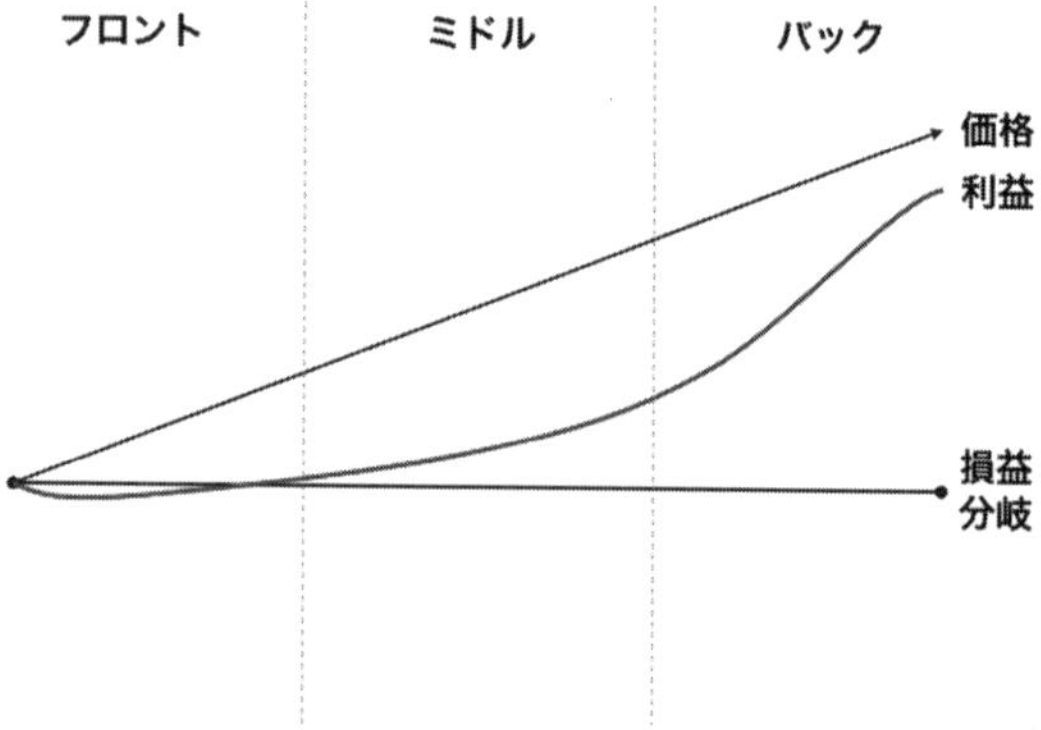

体験をすることで、思わずカゴに入れてしまったご経験はありませんか？　ここでお伝えしたいことは、まさにあの体験です。あのウィンナーを無料で配ることをもったいないと思い、試食させなければ、なかなか買ってもらうことは難しいかもしれませんよね。この考え方が大事です。サプリメントでも、化粧品でも、初回無料なんて言葉をよく見かけるのではないでしょうか？　まさにこれと同じ手法です。使ってもらって、良いと思ったら買ってください。という流れです。つまりお試しです。フロント商材から利益を得ようとしないで下さい。フロント商材は儲からなくて良いのです。バックエンド商材で利益を出せばいいのです。

下の図もご覧ください。

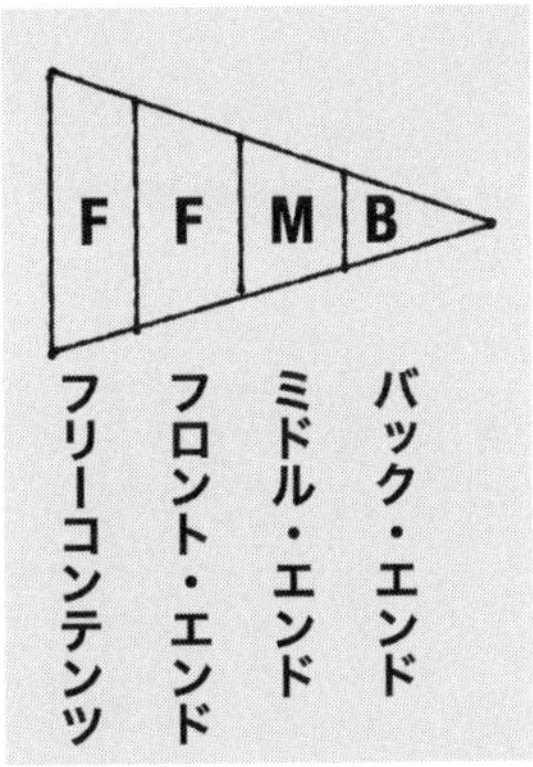

これは、ＦＦＭＢマーケティング・ファネルの図です。先ほどと同じような図になるのですが、一番左の〝フリーコンテンツ〟が一つ増えている図になります。今の時代、このフリーコンテンツは、ＹｏｕＴｕｂｅを活用すればいいのです。ＹｏｕＴｕｂｅは、無料ですよね。無料で役に立つ話や、有益な話を聞ける時代になりました。ＹｏｕＴｕｂｅでフリーコンテンツを配信すれば、興味を持ってくれるファンが増えます。そのファンになってくれた方々にフロント商材を体験させてマーケティングモデルを組んであげれば、見込み客を探しやすくなると思いませんか？　フロントエンド商材は、無料ではなく少し費用を頂くスタイルでもＯＫです。無料の方がより売りやすくなるという話です。ぜひ、参考にしてください。

37. ノウハウを売ってみることが一番簡単！

私は、サラリーマン時代から起業するまでの期間、本当に何をメイン事業にすれば良いのかがさっぱり分からず、のらりくらりとやってきたのですが、スタート時は結局、サラリーマン時代に培ってきたことを教えて上げることに金額をつけて提供してきたのではないかと思います。店舗を出店したり、商品を開発したりするのももちろん良いのですが、初期コストが大きくかかるケースがほとんどです。リスクが高いですよね。それに比べて、ノウハウを売るスタイルには、コストが発生しません。あなたの頭の中が商品ですから。これって素晴らしいことだと思いませんか？　あなたが経験してきたことを教えて上げることでお金を頂くことが出来るのですから。ラブフリでは、起業当時だけではなく、現在でもこのスタイルが事業の根っこになっているのではないかと思います。柱ではなく根っこです。過去の成功体験、成功事例、最新情報、セミナーやコンサルティングを、フロント商材・ミドル商材にして、必要であればバックエンド商材を提供するという流れです。先ほどの週末起業もこのスタイルであれば、余計なお金もかけずにスタート出来ると思いませんか？

ただいずれにせよ問題は、集客です。あなたの素晴らしいノウハウを提供する為の見込み客をどうやって探すのかということです。因みに私の場合の起業当時は、サラリーマン時代の取引先で仲の良い会社さんに、声をかけて契約をとっていきました。研修やコンサルティングです。スタート時点では、これらのサービスがバックエンド商材になっていたのですが、更にバックエンドの商材を作った方が良いということに気づき、今ではそのスタイルになっています。詳しくは、この後の章で話していきます。

38. とにかく事例が大事

ここでは、ホームページ制作事業についての話を少ししていこうと思います。今でこそ、「会社のホームページを作りたいのですが、相談にのってもらってもいいですか？」というようなお話を頂けるようになったのですが、当時は思うようには売れませんでした。ところが、あることがキッカケで売れるようになったのです。それが事例です。制作事例をどんどん出していったのです。先ほどの講演会同様に、制作が終わる毎に、ホームページにどんどん制作事例として出していきました。ホームページだけではなく、提案資料の中にも入れるようにしていきました。これが良かったのです。

これは、ホームページ制作の話だけではありません。美容室のカタログでも、ケーキ屋さんのショーケースの中でも、住宅展示場の家も、自動車の修理でも、エステサロンのビフォーアフターでも、どんな事業でも同じです。何かしら目に見える物を見せてあげるんです。これが安心と信頼に繋がります。とにかく片っ端から事例を作ってみてください。

制作事例とは少し異なるのですが、私のお勧めの方法の一つが、写真です。活動事例の証拠としての写真です。私は、大規模セミナーでも、小規模セミナーでも、なるべく自撮りスタイルで記念撮影をするようにしています。この威力も絶大です。凄そうな感じと安心感を一発で演出することができます。このスタイルは、慣れるまでに少し時間がかかるかも知れません。想像してみてください。100名のセミナー受講者を目の前にして、「みんな、いきますよ〜。はい、チーズ」って、言うのは結構

ハードルが高いと思いませんか？　でもね、これも慣れです。最初は嫌がられるのではないかと思っていたのですが、むしろ皆さん喜んで写ってくれます。だから私のセミナー開催模様の写真は、参加者が皆ピースをしているのです。私がピースをすると、みんなもつられてピースをしてくれます。そして、一気に連帯感が生まれます。あの瞬間が私は大好きです。

こんな写真もなかなか遠慮して撮らない人がほとんどですが、ぜひコツコツと撮り溜めてください。このような写真が絶大なるパワーを発揮してくれるはずです。とにかくコツコツです。商売が上手な会社や人は、これらのようなことをみんなやってます。逆に商売が下手な会社や人は、これらがちゃんと出来ていないことが共通点だったりする程です。どんどん試してみてください。

39. 実績紹介はロゴマークが効く

先ほどの制作事例紹介に負けないくらい威力があるのが、会社のロゴマークです。自分の会社のロゴマークじゃないですよ。取引先のロゴマークです。あのマークの威力を使わせて頂くのです。有名な会社であればあるほど、その威力は増すのですが、起業したばかりの段階でなかなか有名企業との取引はないと思いますので、徐々に徐々にです。最初の段階では、有名でない会社さんだって全然良いと思います。あの企業のロゴーマークには不思議と有名ではない会社でも、取引先実績ページへ掲載させて頂くだけで、その恩恵を頂くことができます。何だか分からないけど、ひとは、会社のロゴマークに弱いということなのでしょう。一発で凄そうな感じと、絶大なる安心感を演出することができます。是非、ホームページや、会社紹介をするパワーポイント等に取引企業一覧を作って掲載してみてください。不思議な力を得ることが出来るはずです。お試しください。

40. お客様の声を載せろ！

事例と、取引先のロゴマークの話をしてきましたが、仕上げが〝お客様の声〟です。この威力も絶大なるパワーを秘めています。一瞬にして安心感を手に入れることができます。お客さまになってくれるかも知れない方々が、お金を出すことに躊躇してしまう原因は、不安だからです。「この商品やサービスに、お金を出しても大丈夫？平気？」と、まずは疑ってかかっています。初めて見たり聞いたりする商品やサービスは必ずそう思われます。

とはいえ、私個人的な意見としては、数年前よりは威力が減っていると感じています。理由は簡単。自作自演でそういうことをやる会社や人が増えたからです。「これ、やらせなんじゃない？」と、疑ってしまうのです。だとしても、お客さまの声が掲載されているのと、されていないのでは、やはり安心感が変わってきますので、積極的に掲載していくと良いでしょう。

私が講演会等で90分から二時間話した後に、その会の主催者の方が、最後の締めの挨拶をしてくれるケースが多いのですが、その中で、私の講演内容についての感想をお話ししてくれたりします。その部分をＹｏｕＴｕｂｅで掲載させて頂いたりもします。あとは、懇親会です。懇親会で仲良くなった時に、色々な私やサービスについての感想をお話ししてくれるケースも多いです。その時に、「今のお話し、もう一度お話ししてもらってもいいですか？」ってお願いすると、ほぼ１００％ビデオを撮らせてくれます。

インタビュー動画を日時を決めて撮らせてもらったりするのも、もちろん良いのですが、何気ない話の中で出てきたお話しは、作られた感じではないので、とても良いです。このタイミングを逃さない為にも、小型で手ブレ防止機能がついているビデオカメラを常備しておくと良いと思いますよ。私のおすすめは、アクションカメラで有名な〝ゴープロ〟です。五万円前後で買えると思いますよ。お持ちのスマホでも良いのですが、ゴープロの方が撮影スタートするまでの時間が、とても短く済みます。こんな小さなことも非常に重要です。最近はこの方法がとても多いかもしれませんね。試してみてください。

41. 元請け会社になろう

車の会社トヨタをイメージしてください。トヨタは元請けで、トヨタの車の部品を作る会社が下請けです。そのまた下流で部品を作る会社が孫請けです。下請け会社と孫請け会社は、トヨタに依存しています。トヨタの発注次第です。自分たちで売上をコントロールすることが出来ません。とにかく不自由です。

私の起業当時は、この話同様、ザ・下請け会社でした。上場しているコンサル会社が仕事を受注してきて、私が現場でコンサルの納品作業をする。という話をしましたが、まさにこの話です。元請け会社と下請け会社の大きな違いは、お客さまを集めることが出来るか出来ないかという話もしました。トヨタは一般ユーザー向けに車を売っている会社で、コンサル会社は、法人に対してコンサルティング・サービスを売っています。集客できるだけではなく、自分たちで売ることも上手な会社が元請けなんです。その流れに乗って商売をしているのが、下請けです。

下請けが悪いと言っている訳ではありません。過去の経験上、不自由だということです。私は自力で集客することも売ることも出来なかったので、下請けスタイルを選択しました。でも当時は、ああするしか仕方がなかったと思います。下請けスタイルにならなければ、生きてこれなかったことも事実です。これから起業しようと考えている人たちは、私同様に、どこか知り合いの会社から、仕事を流してもらう方が、スムーズに仕事が成立すると思います。大事なことは、仕事を頂きながら、自力で集客する力と、販売と営業をする力をつけていくことです。その準備をしていくということです。

元請けから流れてきた目先の仕事をさばくこともちろん重要ですが、そればかりに時間を使っていてはダメで、将来を見据えて元請けになる為の準備をしていくことが重要です。でも中には、元請けには興味がないし、そもそも自力で集客や営業することが苦手です。と、心の底からそう思っている方々もいらっしゃいます。それはそれで、それぞれの生き方ですから自由です。

そして、ビジネスの上流にいるのが元請けです。下流にいるのが下請けです。ビジネスの上流にいる方が間違いなく儲かります。その事実もお忘れなく。何が得意で何が不得意かは、自分自身が一番よく分かっていると思います。上手に見極めてください。

42. ストック型の収益モデルはいい！

次は、収益モデルの話をしたいと思います。ビジネスの収益モデルは大きく分けると二つ。変動型とストック型があります。変動型は、その場限りの売り上げで、ストック型は積み重なってくる売上です。これは大変大きな違いです。

集客から、契約や購入するまでの一連の流れは、どちらも同じです。大きく変わってくるのは、売ったあとの部分です。一回ポッキリで終わってしまうのか、ずっと解約するまでお金を頂けるのかは、商品やサービスの売り方次第です。私の起業当時は、

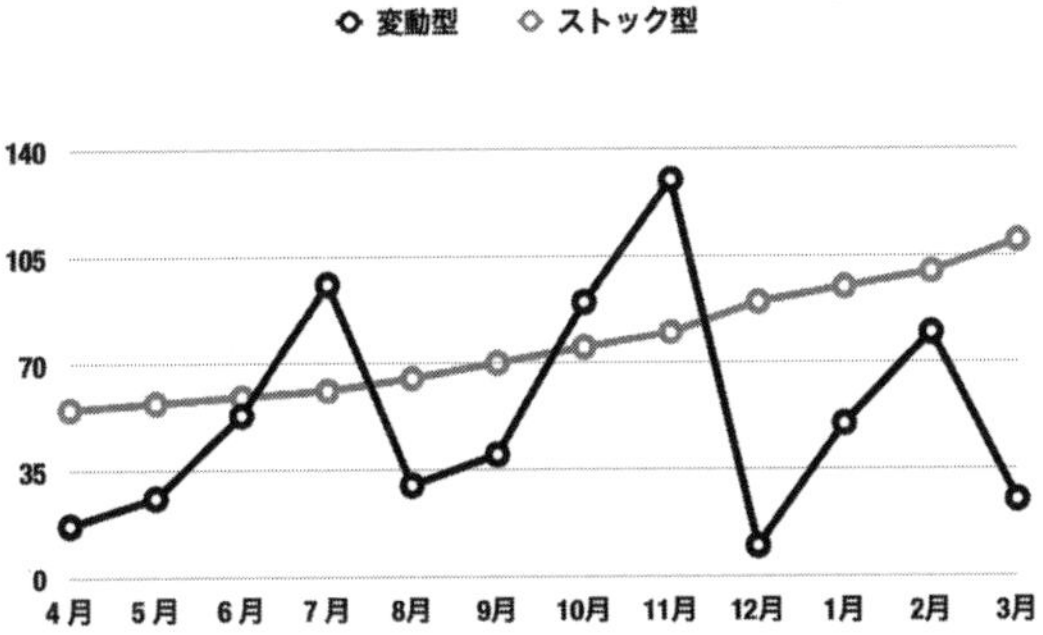

一回ポッキリの変動型のサービスばかりを売っていました。だから大変だったのです。途中で気がつきました。家賃収入型でないと死んでしまうと。そこからです。お客様に提供する商品やサービスを、徐々にストック型のサービスへ切り替えていきました。みるみる経営が安定していきました。これは素晴らしいことですね。買ってくれて、はいおしまいのスタイルなのか、スマホの利用料のように、ずっとお金を払ってくれるスタイルなのか、本当に大きな違いです。

飲食店や美容室は、リピートしてくれますので、割とストック型に近い部分があります。ただ、お客様ごとに再来店してくれる頻度が違います。やや不安です。でも、コンサルティングに比べればよっぽどいいと思います。コンサルは、単発か、ぜいぜい数回のセットです。だから、とっても不安定です。もし、あなたの取り扱っている商品やサービスが、変動型で不安定なビジネスモデルだとしたら、何か一工夫して、ストック型のビジネスモデルに変えることは出来ないかなと考えてみてください。マンションの家賃、スポーツジム、サプリメント、化粧品、習い事の会費、周りを見渡すと意外と多いのです。あなたの商品やサービスも、同じように出来ないかと考えてみてください。ストック型のビジネスモデルは最強ですから。

43. アライアンスを組もう／その道のプロを味方につける！

起業当時は、ウェブ集客関連の事業はやっていなかったという話をしましたね。研修会社からのスタートでした。先ほどのストック型のビジネスモデルに変えていきたかったので、インターネットを利用する仕事しかない！　と考えました。しかし、ネットのことなど、全く分からず大変困りましたが、独学でホームページ制作を学び始めました。

その頃は、ホームページ制作の仕事を受注すると、自分で全部作っていました。時間がいくらあっても足りません。二件、三件、案件を頂いてしまうと、もうパンパンで、営業活動も一切出来なくなりました。これには本当に困りました。何とか改善していかないと数ヶ月先はもうないなと思いました。そこで気がつきました。まず私は、ホームページ制作のプロではないということ。やっぱりなんちゃってなんですよ、制作物が。

誰か、本物のホームページ制作が出来るひとを仲間に増やそうと思いました。この時は全部自分でやろうとしていました。利益が少なくなるのも困るなと考えていたからです。せこいです。でも、プロに制作の仕事を任せることで、自分は他の仕事が出来るよなと考えました。

そして、ゼロからホームページを組み立てるのではなく、出来上がっている仕組みを使ったらいいのでは？　とも考えるようになりました。システム会社とも手を組んでいきました。

そして、グーグル検索でホームページの順番を上げるサービスも開始しようと思った時も、その道のプロを味方につけようと思いました。こんな感じで、自分の周りに、その道のプロフェッショナルをどんどん増やしていきました。自分で全部やろうとしないことです。

更には、商品やサービスも自分で作り出すのも良いのですが、時間がかかるしできないことも多い。だったら、他社が作り上げた商材をかついで、代理店になればいいのではないかと考えるようになりました。これも作戦は大成功しました。もちろん仕入れコストが発生するので、利益率は低くなります。でも数を売ればいいだけです。

代理店契約をすることで更に良いことがありました。その会社で働いている社員の方々にそれぞれの商材のことを相談できるようになりました。独りぼっちで起業した私にとっては最高の環境が整ってきた感じでした。もう独りじゃないと思えた瞬間でした。

そして更には、講演会や研修やセミナーを主催してくれる会社やひとたちとも、手を組んでいきました。これも私にとっては大きな一歩でした。

これらは、売上に関連する攻めの話ばかりでしたが、税理士先生も同様です。個人事業主時代の確定申告は、見様見真似で自分でやっておりました。これも知識がないくせに、自分でやるので訳が分からないことになるのです。時間もかかるし、大変で、何よりも好きじゃないんですね。こういう細かな作業が。こういう仕事もプロにお願いした方がいいですよね。ちゃんとしてくれます。自分が得意なことと、苦手なことと、あなた自身が一番よく分かっていると思います。苦手なことに時間をかけて自分でやるのは非効率です。

誰と組むか、誰を味方につけるかということで、本当に大きく変わってくると思います。とにかく大切なことは、自分で全部やろうとしないことです。その道のプロに任せようということです。

44. パレートの法則で常に考えること

パレートの法則というフレームワーク（思考法）をご存知でしょうか？ 80対20の法則とも呼ばれています。全体の80％の出来事は、全体を構成するたった20％の要素が生み出しているという考え方です。

サラリーマン時代、カジュアルウェアのバイヤーの仕事をしていた頃の話です。バイヤーになりたての26歳の頃です。売上を上げる為にはどうしたら良いのか？ と、売上分析が必須になってくる訳ですが、ブランド数が数百あって、品番数は数千件あり、何をどのようにすればいいのかが分からず、当時頭を抱えていました。そんな時ラッキーだったことが、勤務先が某経営コンサルティング会社との契約中で、社内には複数の経営コンサルタントの方々がウロウロとしておりましたので、相談しました。その時に教えて頂いたのが、このフレームワーク、パレートの法則だったのです。

「高橋君、パレートの法則って知ってますか？　この考え方で、これから全部分析してごらん。きっと効率よく答えを導き出すことが出来るようになるから」と。もう神でしたね。売上の約八割を作っていたのは、トップ20％のブランドと品番だったのです。極端な話をすると、残りの八割のブランドと品番は無視しても関係ないって話です。

例えば、営業マンの例で話をすると、もっと分かりやすいと思います。ある会社の営業マンが十人いたとします。その会社の売上の約80％を作っているのは、トップセールスの二人だったのです。こんな感じだと分かりやすくないですか？　残りの八人は結果を出せない給料泥棒のような感じですよ。この会社

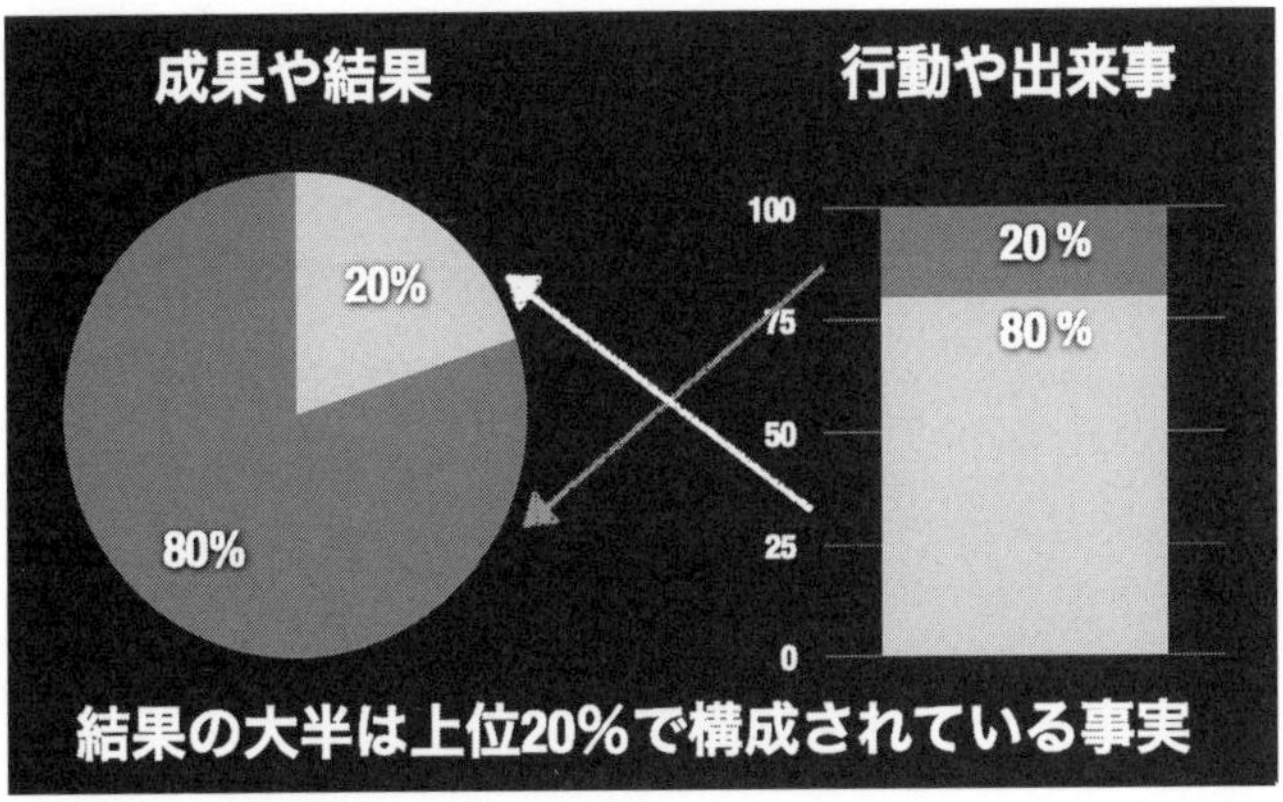

の売上を伸ばすのでしたら、トップセールスの二人が、もっと活躍できるような環境を整えればいいのです。こんな感じです。

この考え方は、世の中のほとんどのことに使えます。困った時は、常にこの考え方で解決方法を導き出していくと良いと思います。

45. 契約書はガチガチに

この話はサラッとでいいと思うのですが、でも大切なことなので、話しておきますね。起業したての頃は、この契約書なんて一切関係ないと思っていました。一応、発注書のような書類は作って、何かサービスを契約する時は、その書類に記載して捺印をもらい作業開始のようなスタイルでした。

コンサルティングやセミナーで、問題が起こることはまずありませんでした。問題が勃発し始めたのは、制作物関連のサービスです。今振り返ると、何であんなに勃発していたのか不思議なくらいです。当時の売り方や伝え方が甘かったんでしょうね。分かりやすくお伝えすると、「言った、言わない問題です。」そんな経験を経て、私には無縁の物だと思っていた契約書を準備するようになっていったのです。言った言わない問題に登場してくる話の部分も、ほぼ大体同じ部分だったりすることが多いことも分かってきました。口頭でしっかりと説明をすることももちろんのことなのですが、その部分も契約書に記載し、確認をきちんとしていくことで、問題は勃発しなくなってきました。万が一、何か問題が起きても、契約書をご覧くださいの一言で済みますからね。これがないと後で泣くのは自分です。貴重な経験をしてきました。

step.7

お客様が来なけりゃ会社は潰れる

（マーケティング戦略＆持続する経営のコツ）

46. 売り込まずに売れる仕組みづくりの中心はホームページ

さて、この部分は、私の本業の話になりますから、これだけで一冊本が書ける感じです。興味がある方は、弊社のホームページ（www.loveandfree.jp）からセミナーに参加してみてください。これ全部お話しようとすると、約40時間前後かかります。今回はザッと解説しますので、ウェブ集客の全体感をイメージしてもらえれば良いと思います。

まず大事なことは、ホームページが一番重要ということです。この19年間でありとあらゆる業種業界に携わってきましたが、やっぱりホームページが大事。そんな中で、ホームページを適当に考える業種がいくつかあります。その代表選手が、飲食業界、美容室、自動車販売、この三つでしょうか。理由は簡単です。ほぼ１００％大手ポータルサイトに依存しているからです。グルナビ、食べログ、ホットペーパービューティー、カーセンサー等です。ダメじゃないですよ。新規客に認知してもらう為には、とても大事なメディアだと思います。ただ、認知してもらうだけじゃダメなんですよね。認知してもらったあとに信頼と安心感を勝ち取らなければ。

もしあなたが、会社の懇親会の幹事さんだったとします。グルナビや食べログで、懇親会で利用出来そうなお店を発見したとします。その後すぐに予約しますか？ 一旦そのお店のホームページを覗きに行きませんか？ ちゃんとしている店なのかを確認する為に。

集客から営業までのメカニズムをつくる総合戦
「売り込まずに売れる仕組みづくり」の概念図

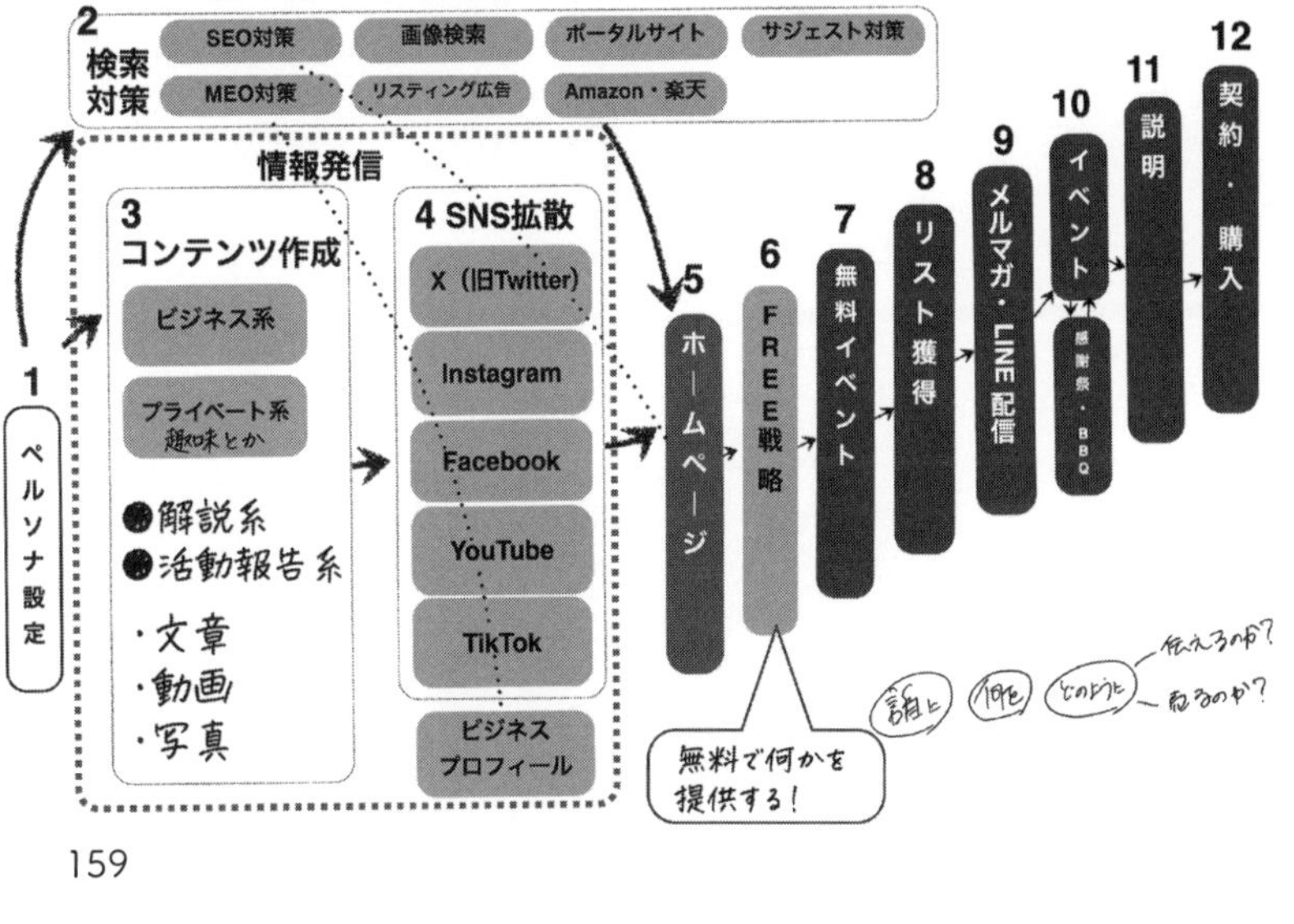

自動車を買う時や、修理に出す時も同じだと思います。もしその時に、ホームページがなかったらどう感じますか？　もしホームページがポンコツな状態だったらどう思いますか？　ちょっと不安に感じたりしないでしょうか？　こんな感じです。これが一般ユーザーの行動と感じとることです。だから、ポータルサイトだけではダメってことなんです。

だから、簡易的でもまずちゃんと準備しておいてください。ホームページもなく、インスタだけなんて会社も時々ありますが、「ちゃんとやってないの？　遊びの延長？」って思われたくないですよね。

そして、多くの社長達がこう言います。「ＴｉｋＴｏｋもちょっとやっていて、インスタも少しやっていて、ラインもちょっとやってるかな」と。やっていること自体は素晴らしいと思います。ただ残念なことは、それらが【点】で動いているだけというお話。それぞれが単発で、何となく動いているだけ。大事なことは、ホームページを中心にそれらを線にしていく作業です。インターネットの中は、ご存知の通り、リンクを貼ることができます。自分の意のままに客導線を作ることができます。これを上手に作りあげてください。ホームページを中心にウェブ集客の仕組みを構築していくと良いでしょう。

さて、お客さまはどうやってあなたの会社を見つけてくれるのか？　あなたは、一日に何回くらい検索をしますか？　世界の人々が一日に行うグーグル検索数は、約85億回。平均して一人あたり三〜四回程度検索されていると推定されています。グーグル以外の検索エンジンやSNSを含めると、この数はもっと多くなるはずです。いかがでしょうか？　あなたもだいたい同じような行動を取っているのではないでしょうか？

だいたい検索する時は、分からないことや、知りたいことがある時に、検索エンジンを中心にキーワードを入力していきます。だから、何となく情報発信をしていてはダメで、検索に引っかかってくることをイメージしながら、情報発信をしなくてはいけませんよね。大事なことは〝タイトル〟です。検索に引っかかってくる大きな要素はタイトルなんです。タイトルにその重要なキーワードを入れるようにしてみてください。あなたの名前や会社名を入れたって、知らない人からは見つけてもらえません。だって、あなたの存在をまだ知らないのですから。ホームページを中心に継続的に売上が上がるウェブ戦略を作ってみてください。これをイメージしながら、行動した一年後と、そうでない一年後の結果は大きく違ってくると思います。

47. 小さな会社は、ChatGPTを活用し情報発信で認知度アップ

小さな会社は、情報発信が絶対に必要です。黙っていては、誰にも見つけてもらうことはできません。目立つことが大事です。だから積極的に情報発信をしていきましょう。情報発信するコンテンツを一つ作ったとします。その一つのコンテンツを、ホームページにも掲載して、SNSにも掲載すればいいのです。それは、写真でも動画でも、テキストでも何でも同じです。目に触れる場所は多いに越したことはないので。そして情報発信する時も、ペルソナ（ターゲット）は絞った方がいいですね。「みんな聞いてね」はダメです。

例えば私だったらこんな感じです。

「起業したばかりで、ウェブ集客に困っている人の為のSNSの使い方」

いかがですか？　みんな聞いてね、じゃないと思いませんか？　対象者を絞っている感じです。

そして、情報発信する際のみんなの困りごとは、【ネタ探し】です。何を発信すれば良いのか分からないと。これ、一年前まででしたら、大変だったのですが、今はチャットGPTがあるじゃないですか。どんどん活用していけばいいだけです。

例えばこんな感じ。

「私はウェブ集客の会社をやっています。ユーチューブで動画配信をしたいのですが、どんな内容の動画を作ればいいですか？　10個タイトル案を出してください。」と。

ヒントになる魅力的なタイトル案が、わずか数秒で出てくると思います。悩んで頭がフリーズしてしまうくらいであれば、どんどん、チャットGPTに、相談していきましょうよ。それをヒントにどんどん作っていけばいいのです。

まずは量を増やしていきましょう。質を求めすぎると手が止まってしまいます。圧倒的な情報発信の量を増やしていきましょう。あまりにも低品質ではダメですよ。検索ユーザーの為になる有益な話を出していきましょう。ユーザーは、何か知りたいことがあるから、グーグル検索やSNS検索をしているのです。その時、ラッキーなことに発見してもらう感じだって全然いいじゃないですか。数を打っておかないと、発見してもらうこともできません。

圧倒的な量をこなしていくと、やがてそれは質に変換されていきます。

どんどんインターネットの中に、網を仕掛けていきましょう。何の話から、仕事に繋がっていくか分かりませんからね。そう考えると、何だかワクワクしてきませんか？

48. 儲かる会社は、販管費をきちんと使っている

私の起業当時は、お金がまるでない状態でスタートしました。だから販管費をいきなり使うことなんて、そもそも出来ませんでした。ただ今思うと、お金があったからといって、どんなことにお金を使えばお客さまが集まり売上が上るのかは、スタート時はきっと分からなかっただろうなと思います…

そんな中でも、頑張って少しずつ売上が上がってきたのですが、そのお金をメール配信の業者さんに依頼をして、大量にメール配信をしてみました。月に十万円くらいから始めたと思います。そこから反響があり、売上が上がっていく体験をしました。ただメール配信もリストが枯渇していき反応率が下がってきます。売上がいきなり大きく上がっていったのは、マッチングサイトに登録したことがキッカケでした。イメージとしては、引っ越し屋さんです。引っ越し業者を探す時に、一括見積もりサイトがあるじゃないですか。あんな感じです。見積もり依頼をすると、一気に十社くらいから、

電話が一斉にかかってくるアレです。しかし、本当に色々なお客さまから連絡が来ますので、ストレスの塊になることは間違いないです。「さっきの業者は、いくらにしてくれるって言ってたよ。あんたの所は?」まあ、こんな感じのやり取りが永遠に続く感じです。そりゃそうです。ファンでも何でもない方たちに対して、いきなり見積もり送りつけて電話して、会ってください! って飛び込んで行って、人間関係も何もない状態からスタートする訳ですから。だから、契約が取れても、めちゃくちゃクレームも多かったです。当時はこうするしかなかったんですけどね。この時期がだいたい月に30万円くらい、販管費を使っていたのではないかと思います。もちろん、利益はきちんと出る状態になっていました。考え方を変えるとゲームですね。お金を毎月いくら使って、何人の人たちに接触できると、いくらくらい儲かるかっていうゲームです。

当時、下請けコンサル時代の話ですが、皆さんも聞いたことがあるような有名な会社さんがいくつもクライアント先にあったのですが、その有名な社長達がみんな言ってたんです。

【ジリ貧×ジリ貧は、尻窄み】だって。

売上の調子が良い時に、きちんと販管費を使ってどんどんお客さまを増やしていくことが大事で。売上が下がって、現金がなくなってきた時にやろうとしても出来ないんだと。使える販管費がなければ、更に売上は減っていくんだと。ナルホドな、と思いました。

何だか、この話を思い出して良かったなと思います。自分自身、背筋がシャンとする気がしました。有難うございます。

49. 提案書やメニュー一覧を、ちゃんと準備する

起業当時の私は、提案書等をちゃんと準備しておりませんでした。全部口頭で説明していたのです。ザ・空中戦です。理由は簡単、作るのが面倒だったからです。これでは契約率も高いはずはありません。で、途中で気がつきました。ちゃんと用意してみようと。そして、サービス毎に全部提案書を作っていきました。結果はいうまでもありませんが大成功です。そりゃあそうですよね。目に見える物があるのと、ないのとでは全然違うに決まっています。

色々な店舗へ食事に行かれると思いますが、メニュー作りが上手な店と、そうでない店ってありますよね。英語で書いてあったり、写真が掲載されていなかったりとありますが、頼みたくても訳が分からなくて頼めないってことありますよね。まさにアレです。どうせなら分かりやすい方がいいですよね。

また、スタート時は、提供できるサービス数も少なかったのですが、現在は、ウェ

ブ集客を支援するサービスが15個くらいあります。こうなってくると大活躍するのが、一覧表です。全サービスが記載してあるペライチのメニュー一覧です。うちの会社の場合は、これをマインドマップで、ペライチで作っています。

こんな感じです。マインドマップはこんな部分にも使えるんですね。一発で直感的に全体感を捉えることができます。分かりやすいとお客様から好評です。参考にしてください。

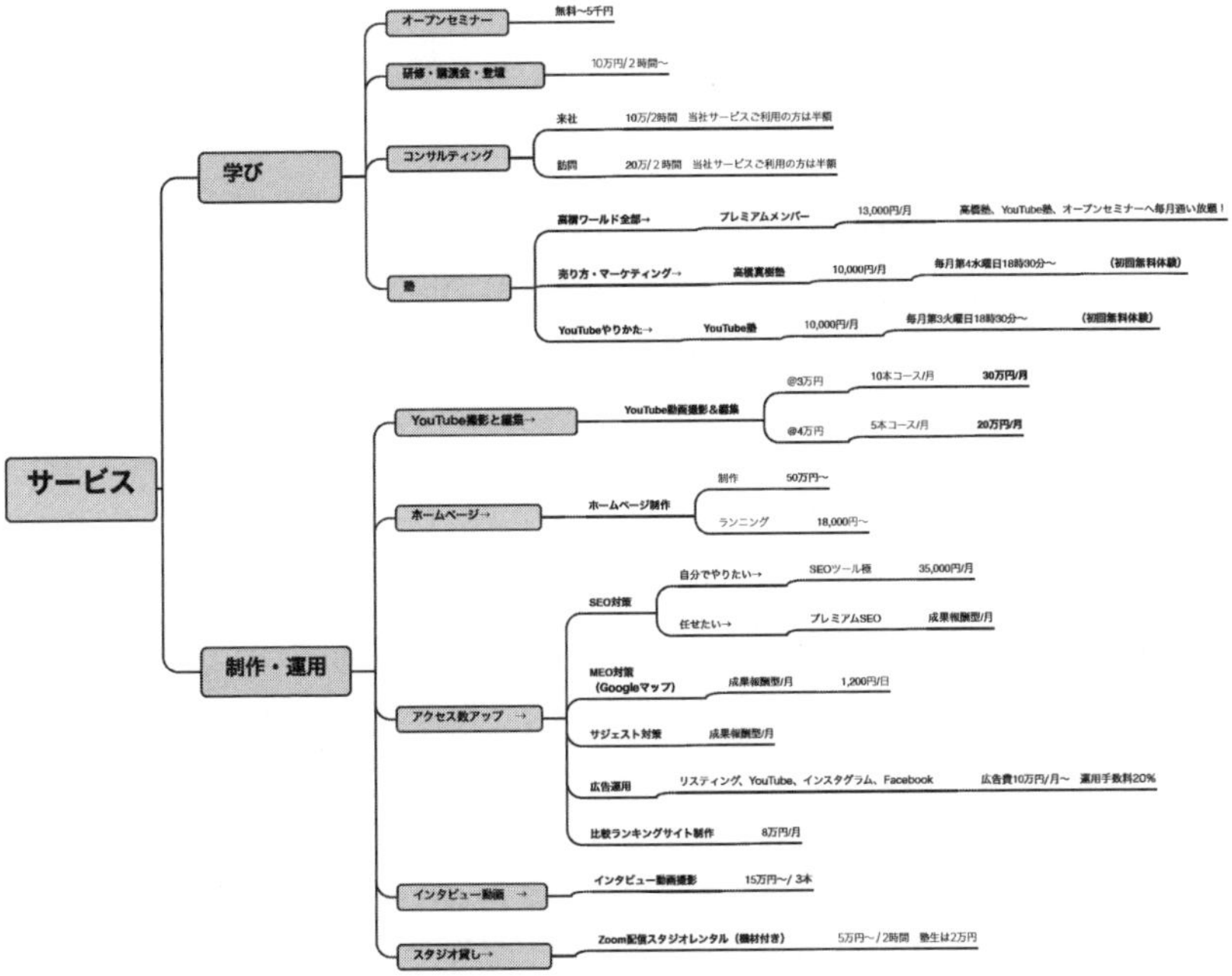

サービス - 2024/03/29 - Mindjet

50. 最初からちゃんとした名刺を作った方がいい

脱サラ後、個人事業主として起業するケースが多いと思いますが、その時最初に困ることは、【名刺がない】問題です。サラリーマン時代は、会社が名刺を用意してくれていました。初めて会う人たちには、その用意してくれていた名刺を普通に渡していました。ところが、会社を辞めると、自分を名乗る物がなくなってしまうのです。これは、結構困りました。私の場合は、自分で作ることが出来なかったので、名刺屋さんに相談に行きました。結果としては、プロに作ってもらって良かったです。ということなのですが、よく見かけるケースとしては、手作り感満載の自作名刺です。絶対にダメということではないですよ。ただ初めましてで会った時に、手作り感満載で細かい字がゴニョゴニョ書いてある名刺を見た瞬間、あなたならどう思いますか？何となく適当にやっているのかなと思いませんか？　ホームページとか、名刺とかそういう物って全部共通していることが、ちゃんとビジネスとしてやっているのかな？

という部分の分かりやすい証になるんだと思うんです。その辺がちゃんとしていないと、例えば、主婦が趣味の延長線上でなんとなくやり始めたのかなという感じに見えてしまうのです。もったいないと思いませんか？ ちょっとしたことに、気とお金を使うかどうかなんです。

あなたはどうですか？ ちゃんとした人に見られたいですか？ それとも遊びの延長線上の人に見られたいですか？ どちらですか？

51. 異業種の売り方を参考にする

私が起業当時から大切にしていることは、異業種の売り方です。その時の時代に合わせて上手に業績を伸ばしている会社があります。そういう会社をめちゃくちゃ参考にしています。よくある話で、「あの会社、〇〇だから上手く行っただけだよ。」とか、「あの業界だからね」とかなんですが、自分には関係ないとか思わない方がいいですよ。むしろ、同じ業界よりも、他の業界の方が新しいことに取り組んでいたり、ヒントになることが盛りだくさんだったりします。

私は、外へ出かけることがとても好きです。旅行も食事も遊びも。外へ出れば、常に新しい発見があります。美味しいとか、楽しいとかだけでなく、ビジネスのヒントが沢山あります。そこを常に意識しています。見逃しません。だから、キャンプしていても、サウナに入っていても、サーフィンをしていても、常に頭の中はリラックスしながらも、情報収集モードになっているんですね。この会社や、この商品、この場所は人気がありそうだなと。何でなのかな？　と。どんな仕掛けをしているのかな？　と。とにかく探りまくりです。もしかしたら私は、四六時中、こんなことをしているのかも知れませんね。書いていて改めて思いました。

ＢｔｏＢだからとか、ＢｔｏＣだからとか、そんなの関係ないんです。上手に商売をやっている所から、ヒントをもらうんです。そして、何か一つでもいいから、自分の会社に応用できないかと考えてみてください。そんな情報収集モードになると、毎日が非常に新鮮になってきます。仕事も遊びも全力です。目にする物や聞くことが、わくわくしてたまらない。商売のヒントは、結構近くにあったりするものです。楽しみながら、商売が儲かるヒントを収集し続けましょう。

おわりに

チャットGPTを味方につけ、新時代を生きる！

最後までご購読頂きまして有難うございました。13年ぶりの執筆活動は、思っていた以上に大変でした。今後は半年くらいの時間をかけて、隙間時間を上手に使って書いていくくらいの方が良いのかなと思いました。

今回の本を書くことによって、自分自身、頭の中がとても整理できた気がします。忘れかけていた大事なことを思い出す機会にもなりました。本当に良かったと思います。

そして、私が起業してから、早いもので18年が経ちました。時代は大きく変わりました。ＡＩやＳＮＳをはじめ、昔よりも格段に便利な時代になりました。そう考えると、私が起業した18年前に比べれば、起業はだいぶ楽になったような気もします。

チャットＧＰＴが爆誕してから、一年数ヶ月が経過するのですが、今後ますます、進化していくことは間違いありません。ぜひ味方につけてください。起業してビジネスを進めていくと、とにかく文章を作ったり、資料を作ったり、作る物が大量に発生してきます。その部分を超効率化することができます。
あっという間にＳＦ映画の世界が身近になりそうな予感です。自動運転、ロボット、宇宙、ＡＩ、数年後にはきっと、今までになかった仕事も、どんどん登場してきそうですね。

好きな仕事で稼ぎながら、楽しく自由に生きる！

そんな新時代の波に、しっかり乗っていきましょう。

株式会社ラブアンドフリー　代表取締役　高橋真樹

【著者プロフィール】

高橋 真樹（たかはし まさき）

株式会社ラブアンドフリー 代表取締役

2006年よりWEBマーケティング事業に携わる。「売り込まずに売れる仕組みづくりの専門家」として、年間のセミナーや登壇回数は100本を超える。日本全国でインターネット集客のノウハウやテクニックについて語っている。

2022年度2023年度2年連続!! 損保ジャパンモーター・SS向け経営セミナー人気ランキング第1位　著書：『売り込まずに売れる営業をゲットする』（セルバ出版）

https://www.loveandfree.jp/

年収1,000万円を超える起業術

2024年5月30日　第1刷

〔著者〕

高橋真樹

〔発行者〕

籠宮啓輔

〔発行所〕

太陽出版

〒113-0033 東京都文京区本郷 3-43-8

TEL 03（3814）0471　FAX 03（3814）2366

http://www.taiyoshuppan.net/

E-mail info@taiyoshuppan.net

書籍コーディネート = インプルーフ　小山睦男

装幀・DTP = KMファクトリー

印刷 = 株式会社 シナノ パブリッシング プレス

製本 = 井上製本

ISBN978-4-86723-168-5

コンサルティング

これから会社の社長になりたい方から、すでに会社経営をしているが今後インターネット集客を本格的に形にしていきたい方まで、WEBマーケティング戦略全般的の内容から、ホームページの活用方法やソーシャルメディアの活用方法まで、お客様のご要望に合わせて対応。

1 インターネット集客全般のノウハウがわかる！
2 失敗しないインターネット集客の組み立て方がわかる！
3 インターネットを切り口に、売上アップ・収益アップの糸口がみつかる！
4 売り込まずに売るための、集客〜営業の流れ・メカニズムがつくれるようになる！
5 ソーシャルメディアを使った情報発信の達人になれる！
6 ホームページを自由にコントロールできるようになる！
7 自社の強みやコンセプトが明確になり、競合との差別化ができる
8 問い合わせが発生、売上アップ収益アップにつながる

	時間	費用	参加人数
恵比寿で対面	2時間30分まで	100,000円	5名まで
訪問	2時間30分	200,000円	無制限

※高橋真樹塾塾生は50%オフで対応

直接ブラウザに入力する場合は下記のURLをご入力お願いいたします。

https://www.loveandfree.jp/theme7.html